农户视角下武汉城市圈土地利用转型社会效益评价研究

吕 炎 唐 韬 著

吉林大学出版社

·长春·

图书在版编目（CIP）数据

农户视角下武汉城市圈土地利用转型社会效益评价研
究 / 吕炎，唐韬著 . — 长春 : 吉林大学出版社，
2019.12
ISBN 978-7-5692-6076-2

Ⅰ . ①农… Ⅱ . ①吕… ②唐… Ⅲ . ①城市土地－土
地利用－经济效果－经济评价－研究－武汉 Ⅳ .
① F299.276.31

中国版本图书馆 CIP 数据核字（2020）第 013554 号

书　　名：农户视角下武汉城市圈土地利用转型社会效益评价研究
NONGHU SHIJIAO XIA WUHAN CHENGSHIQUAN TUDI LIYONG
ZHUANXING SHEHUI XIAOYI PINGJIA YANJIU

作　　者：吕　炎　唐　韬　著
策划编辑：邵宇彤
责任编辑：代景丽
责任校对：王　洋
装帧设计：优盛文化
出版发行：吉林大学出版社
社　　址：长春市人民大街 4059 号
邮政编码：130021
发行电话：0431-89580028/29/21
网　　址：http://www.jlup.com.cn
电子邮箱：jdcbs@jlu.edu.cn
印　　刷：三河市华晨印务有限公司
成品尺寸：170mm×240mm　　16 开
印　　张：10.5
字　　数：201 千字
版　　次：2019 年 12 月第 1 版
印　　次：2019 年 12 月第 1 次
书　　号：ISBN 978-7-5692-6076-2
定　　价：46.00 元

前　言

  土地利用转型是指一段时间内与经济社会发展阶段相对应的区域土地利用形态（数量、空间结构、质量、产权、经营方式等）的变化。随着我国经济社会的快速发展，土地利用形态随之变化，格局冲突逐渐减小，但快速推进的城镇化和不断提高的工业化水平带来了建设用地需求旺盛、农村土地低效利用等问题。土地利用转型主要表现在城市地域膨胀造成的农用土地向非农用土地的不断转换，以及城市扩张所带来的农村土地利用经营体系的变化。农村土地的转换造成了农村土地非市场效益损失等负面影响，这与土地利用转型改善民生的目的相悖。因此，迫切需要进行土地利用转型社会效益评价，对土地利用转型满足公共需要的程度进行分析与衡量，改善农村土地的社会保障功能（社会效益），理论上可以丰富土地利用转型社会效益评价系统，实践上有利于提高农户参与土地利用转型的积极性，促进农村土地利用转型合理发展，保障并改善民生。

  土地是农民重要的生产生活保障，本书基于微观层面，从农户的角度，通过分层抽样法选取武汉城市圈中的郑店村、虹桥村、金盆村、塔桥村、泽林村、火连畈村、何家拢村、宝石村、莲花塘村等作为调查样本，采用问卷调查、座谈走访等形式获取基础数据，开展土地利用转型社会效益评价研究。社会效益评价研究主要内容包括"社会效益影响因素作用分析"和"社会效益综合评价"两部分，前者从农户个体出发，旨在获取对土地利用转型社会效益评价影响显著的因素，并对其作用方向进行分析；后者从武汉城市圈区域出发，重在获取武汉城市圈土地利用转型社会效益的整体现状值，具体采用 Logistic 模型、Heckman 两阶段估计法分析不同农户个体特征对农村土地利用转型社会效益的认知与评价，通过构建农户视角下的土地利用转型社会效益评价指标体系，运用多级模糊综合评价法判定武汉城市圈农村土地利用转型社会效益综合值，并基于条件价值评估法测算出农户对土地利用转型社会补偿期望均值，最后提出建议。

  本书整体框架和主要章节内容如下：

  第 1 章对研究的背景、目的、意义、内容、方法和技术路线进行了介绍，梳理了土地利用转型、社会效益评价和征地补偿标准测算这三个方面的研究现状，对整个研究进行了概述。

第2章为理论基础与方法原理，对本书涉及的基本概念和内涵进行了阐述以界定研究范围，对相关理论启示也进行了阐述并对实证方法做了简单的概述。

第3章为武汉城市圈土地利用转型概况及抽样调查，首先介绍武汉城市圈土地利用现状及土地利用转型的基本情况，其次通过对调查样本、调查问卷设计和调查区域的分析，初步了解调查选点、调查影响因素选择、问卷设计以及问卷的信度和效度检验的基本情况，充分认识调查区域土地利用与土地利用转型的现状，为后文的实证分析研究奠定基础。

第4章至第6章为土地利用转型社会效益评价研究，其中第4章从农户个体出发，分析了不同农户个体特征对农村土地利用转型社会效益的认知与评价的影响作用；第5章从武汉城市圈区域出发，构建了农户视角下的农村土地利用转型社会效益评价指标体系；第6章运用多级模糊综合评价法对武汉城市圈农村土地利用转型社会效益进行综合判定。

第7章为农户参与土地利用转型的社会补偿期望分析，首先分析了农村土地利用转型社会效益评价与社会补偿测算的关系，确定了社会补偿方式，然后应用Probit模型分析农户参与土地利用转型的意愿的决定因素，运用条件价值评估法估算不同特征农户参与土地利用转型的社会补偿期望值。

第8章为研究结论与建议，在实证研究的基础上进行归纳总结并提出可行性的建议，总结研究的不足之处。

本研究的结论及成果有以下几个方面：

（1）城镇化发展不平衡、人口城镇化远远落后于建筑城镇化引起大量务农人员向第二产业和第三产业转移、农业抗灾能力较差、农民对土地投入信心不足、土地流转机制不健全等原因导致武汉城市圈农村存在较严重的土地抛荒现象，应改进现行的土地利用转型制度，实施科学化国土整治，给抛荒土地"找归宿"，如建设观光农业基地、发展林下养殖等。

（2）土地利用转型的过程是人地关系矛盾不断调和的过程，土地利用转型从某种角度上说也是一种人地关系的演变。人的年龄、收入、身份、迁移意愿等特征都会对土地利用转型评价产生较大影响，因此土地利用转型的实施要从人地关系调控入手，从人的需求出发确立人地协调的土地利用转型政策。

（3）在武汉城市圈区域分析及实地调研的基础上，综合文献研究，从农户和农村出发，构建了农户视角下的农村土地利用转型社会效益评价指标体系，评价指标体系以武汉城市圈农村土地利用转型社会效益评价为目标层，以社会秩序、社会保障、基础设施完备程度、居民社会满足、居民生活质量五个核心领域为准则层，以土地纠纷案件的发生率、群体性事件发生率、医疗保障提高程度、养老保障提高程度、农村基础设施增加率等14个指标作为指标层。根据评价目标、评价指标体系和数据特征，构建了多级模糊综合评价模型，对武汉城市圈农村土地利用转型社会效益进行综合评价，得出土地利用转型社会效益一般。

（4）农户视角下农村土地利用转型社会效益评价研究从影响因素作用分析和社会效益综合评价两个角度进行，前者分析预测了不同特征农户对农村土地利用转型存在与发展的支持程度，后者判定出武汉城市圈土地利用转型社会效益综合得分"67.5"，对应评价等级为"C"。

（5）农户对土地利用转型社会补偿的期望金额平均值为864.789元/亩（一亩≈666.67平方米），除性别不影响期望值外，不同特征的农户期望受偿金额有显著差别，有"对土地、农业较依赖的农户对土地利用转型社会补偿的期望较低"的规律。

（6）土地利用转型应与扶贫工作同时开展，对被列入需要扶贫的农村进行土地后备资源调查，合理确定土地利用转型任务，优化农村土地利用格局，让贫困群众分享土地利用转型的利好。同时需要从经济利益或多方面激励农民，协调好耕地流转与耕地保护之间的关系，在稳定承包权基础上推进土地利用转型，并在土地利用转型的过程中切实保护农民对耕地的承包经营权。

本书的创新点有以下两个方面：第一，从微观层面，以农户的视角，通过问卷设计抽样调查的方法，构建了土地利用转型社会效益评价体系，综合判定了武汉城市圈土地利用转型社会效益；第二，基于评价的结果，应用Probit模型分析了农户参与土地利用转型的意愿，并运用条件价值评估法测算了武汉城市圈农户参与土地利用转型的社会补偿期望值。

目 录

第1章 绪 论

1.1 研究背景

土地是社会经济发展不可或缺的生产资料，农村土地更是稀缺的资源，以农户的视角真实反映农村土地利用转型的现状，既可优化土地利用功能和结构，又可促进区域的社会经济发展。

本书是依托国家公益性行业专项土地利用转型课题所开展的研究，新时期对土地利用转型的相关研究是未来学科研究的新领域和新方向。本书从土地利用转型的城镇化、土地利用转型实践中存在的问题和区域政策三个方面阐述研究的背景。

1.1.1 土地利用转型的城镇化

城镇化是传统的"农业为主"的乡村社会向"工业和服务业为主"的现代城市社会逐渐转变的过程，是世界各国发展的必经之路，主要表现为土地及地域空间的变化、产业结构的转变等。从地理学角度来看，城镇化是经济社会转型与地域空间重构的过程，它不可避免地影响周边区域的土地利用结构和功能等属性，如城市建设用地和基础设施向农村地区延伸会改变区域土地利用的布局、规模和形态等。随着我国社会经济的迅猛发展，城市郊区化以及乡村城镇化已经成为城市化发展的主流。在城镇化进程中，城郊土地利用转型主要表现在两个方面：一是城市地域膨胀造成农村土地向非农土地的不断转换。城市人口快速增长，建设用地需求量增大，人地关系日益紧张，对土地资源造成巨大的压力。非农建设用地占用耕地势头日益增强，使耕地减少速度远高于其他土地利用类型。二是城市扩张所带来的农村土地利用经营体系的变化。郊区位于城市的边缘地带，最容易受到城市扩张的影响，城市扩张势必会带来一系列后果，如土地增值、服务市场扩大等，使得原有土地利用方式承担很大的机会成本，最终导致农民改变土地利用经营方式。在城镇化背景下，土地利用转型必须考虑"人往哪里去、地从哪里来"的问题，2014 年的中央城镇化工作会议中也明确提出要"提高城镇建设用地利用效率""优化城镇化布局和形态"。

1.1.2 土地利用转型实践中存在的问题

土地资源作为不可再生资源，是支持地方项目建设和经济的根本。然而，在土地利用转型过程中，农村土地大量流失造成了巨大的负面影响。农村土地本身具有净化空气、涵养水分、保持生物多样性、调节小区域气候等生态效益以及保障粮食安全、维护社会稳定等社会效益，农村土地的大量流失损害了这些非市场效益，带来了空气污染、噪声污染、水质污染、土壤污染、交通拥挤、农作物减产、自然景观被破坏等一系列问题。此外，部分区域农村居民点整治规划不合理，盲目任意地搞居民点撤并和住宅建设，造成土地资源严重浪费等问题；或者以新农村建设为由，通过村企联建集中高楼，不顾不同类型农民的搬迁意愿，甚至出现"强拆强建"等恶性社会事件。在土地利用转型过程中存在农用地补偿、农村土地破坏、环境污染、景观破坏、生态失衡、生物多样性减少等外部不经济现象，对由此造成直接损失的农户进行补偿，对遭受破坏的生态环境本身给予补偿，需要对农地资源加强保护和监管，为促进生态环境良性发展和制定科学的农村土地保护政策奠定了研究基础。土地利用转型的本质是土地利用结构的调整，最终目的是保障和改善民生，因此有必要对土地利用转型进行社会效益评价研究，即对研究区域内土地利用转型的社会效益进行综合性的分析与判定，对土地利用转型实现区域社会发展目标产生的影响、所作的贡献和土地利用转型与社会相互适应性作出系统的分析评估，才能使土地利用转型的实践注重居民权益保障和土地的综合整治，真正让土地利用转型惠及群众。

1.1.3 区域政策

自 20 世纪 90 年代初以来，随着我国经济增长由沿海向内地沿江扩散，对长江经济带的研究开始兴起。长江经济带是承接沿海与西部地区发展的重要纽带，建立长江产业带和经济带能带动内地经济的发展。长江中游经济带作为中部崛起战略区、粮食主产区、两型社会建设试验区、生态关键区，在我国经济发展中有着非常重要的战略作用，然而随着近年来流域经济一体化的迅猛发展和社会经济转型，经济带内大城市用地增长快、耕地占用量大、工业用地比重过大、农村闲置用地增多、土地集约利用水平地区差异显著等问题逐步凸显，这些问题严重影响了长江中游经济区的可持续发展。

武汉城市圈是以武汉为圆心，由黄石、黄冈、孝感、鄂州、咸宁、天门、仙桃、潜江组成的城市群，是国家批准的"两型社会"（资源节约型社会和环境友好型社会）改革试验区，而加快培育中西部地区城市群作为推动国土空间均衡和城镇化进程以及经济社会平稳较快发展的主体力量也在《国家新型城镇化规划（2014—2020年）》中明确提出。因此，武汉城市圈作为我国粮食主产区、两型社会建设实验区和经济的重要增长区，其显著的战略地位必然要求区域土地利用转型适应社会经济发展转型。但武汉城市圈土地利用转型过程十分复杂，诸多问题亟待研究解决，如土地利用转型需求、模式问题，土地利用转型的潜力识别、评价问题，土地利用转型的生态、社会、经济效应问题，土地利用转型差别化管控问题，土地利用转型政策法律创新问题等。本书将重点围绕土地利用转型社会效益评价展开研究，为服务国家宏观调控、强化土地管理和调控、优化区域土地利用布局等提供技术方法。

现有的对武汉城市圈土地利用转型效益评价多集中在经济效益评价（如从土地利用转型投入与产出的产品之间比较的角度来评价土地利用转型的经济效益，投入产出率高，则土地利用转型经济效益好，反之则经济效益差）和生态效益评价（如通过评价土地利用转型对研究区域生态系统的影响和改善程度以及土地利用转型对区域生态服务功能的贡献来评价土地利用转型的生态效益）方面，或在综合效益评价（如通过土地利用转型的经济效益、社会效益和环境效益"三大效益"引出但又高于"三大效益"的简单之和的综合观点来评价土地利用转型的综合效益）中涉及社会效益的评价，但极少有系统的社会效益评价，而基于农户视角的武汉城市圈社会效益评价研究更少。本书在此背景下选择以长江中游经济带武汉城市圈为例，从农户的视角切入，选择农户作为土地利用转型的重要主体，探讨农户对土地利用转型的社会效益评价。

1.2　研究目的与意义

本书的研究目的是基于农户的微观视角，研究土地利用转型社会效益评价与征地补偿标准的测算，从农户切入扩展到农村、农业，以期在提高农户经济收入、改善农村环境、促进农业发展、建立合理可行的征地补偿标准等方面做一些有益的探索，为政府相关部门土地利用转型相关政策的制定与征地补偿标准的完善提供参考。鉴于此，本书的研究意义主要有理论意义与现实意义两个方面。

1.2.1 理论意义

1. 丰富农户视角下的土地利用转型社会效益评价理论体系

当前，对土地利用转型效益评价以经济效益评价为主，或者在综合评价中对社会效益进行比重不大的分析，独立研究土地利用转型社会效益评价的不多，而针对农户的土地利用转型社会效益评价就更少了，这在一定程度上导致了土地利用转型社会效益的评价难以适应当前发展现状和理论需要。本书通过对农户视角下的武汉城市圈土地利用转型社会效益评价实证研究，试图完善农户土地利用转型社会效益评价理论体系。

2. 完善失地农民征地社会补偿标准的测算研究

国内现行的征地补偿标准存在着诸多问题，只考虑土地产出的价值，忽视了土地作为失地农民的经济收入、养老医疗保障、未来子女教育等提供承载。社会补偿的测算需要考虑失地农民的社会需求，而目前在失地农民征地社会补偿的需求研究过程中，从失地农民的社会需求出发来建立征地补偿标准的实证研究很少，且基本停留在定性研究上。本研究对武汉城市圈土地利用转型的农户社会补偿标准的测算进行实证研究，可以完善失地农民征地社会补偿标准的测算研究。

3. 促进其他主体功能区土地利用转型国土资源管理制度与技术的结合

本书是以武汉城市圈作为区域研究背景，围绕武汉城市圈的土地利用转型这个主题做出相关研究，分别探讨土地利用与土地利用转型的现状、土地利用转型的驱动力以及在土地利用转型过程中的社会效益。而武汉城市圈是长江经济带中三大城市圈之一，对该区域的土地利用转型研究可为其他地区各主体功能区土地利用的合理安排提供参考，有效促进了国土资源管理制度与技术的有机结合，提升国土资源管理水平，促进国家监测技术、评价技术的发展。武汉城市圈土地利用转型的社会效益评价方法研究，可提升湖北省国土资源科技创新水平，为实现国土资源监管、调控和服务提供技术支撑与保障，其实例研究可以为其他主体功能区的土地利用转型相关政策机制设立提供借鉴。

1.2.2 现实意义

1. 促进农村土地利用发展规划和整治调控更加具有针对性与可行性

土地利用转型的本质是土地利用结构的调整，最终达到最优化的水平。评价土地利用转型社会效益可促进土地利用结构调整更科学。本书立足农户视角，分析区域土地利用及土地利用转型现状及问题，探究区域农户土地利用转型政策评价、成效评价、社会效益评估以及土地利用转型参与意愿的影响因素，对提高农村土地利用转型社会效益具有现实意义。现阶段，城乡土地利用潜力已从简单的"数量潜力"转向更多关注城市建设用地集约利用与耕地质量提高的综合潜力上，且综合潜力的内涵正在不断发展；同时，农村土地资源配置不合理、资源严重浪费、土地利用效益低下等问题广泛存在。协调推进土地管理制度的改革是国家明确提出的制度创新战略重点之一，本研究可促进农村土地利用发展规划和整治调控更加具有针对性与可行性，优化农村土地利用结构，提高农村土地的利用效率，有着较强的现实意义。

2. 有利于增强农户土地利用转型积极性，为土地利用转型的实施提供新思路

选取农户视角进行土地利用转型社会效益评价研究，包括土地利用转型社会效益的评估和土地利用转型与农户适应性分析两个方面，同时，探究农户参与土地利用转型的意愿的影响因素，测算农户土地利用转型社会补偿标准，有利于增强农户参与土地利用转型的积极性，为农村土地利用转型的实施提供新思路，这也是农村土地利用可持续发展的关键。

3. 有利于武汉城市圈"三型社会"的协调发展

2010年，中国人口学界首次提出资源节约型、人口均衡型及环境友好型的"三型社会"的概念，"三型社会"建设将是未来社会发展中的一大趋势。而与"三型社会"建设相关的消极问题，如农用地资源的不可逆性开发，农用地资源原有的景观、生态、功能等发生彻底的改变甚至功能消失等会在土地利用转型过程中涉及。因此，通过武汉城市圈的土地利用转型社会效益评价尽可能保护环境、整治不合理用地以及集约利用土地，缓和人地矛盾，扩大区域土地有效利用和土地社会经济价值，促进地区稳定、社会发展，有利于资源、人口、环境协调发展，促进"三型社会"建设。

4. 有利于加强农民土地权益保护，保护农民生存发展权

近年来农村土地非农化进程逐步加快，农村土地利用转型进程迅速，然而现行收益分配机制并没有随之健全，土地利用转型社会补偿也不够合理规范。在市场经济条件下，农村集体土地依然实行计划经济条件下的配给制征用和补偿思路，对农民集体及他人建设使用的原农用地使用权人不公平，也给土地使用者和政府带来了很多社会问题。在我国，集体建设用地的所有权在农村集体，因此农村集体在用地流转收益分配中占据重要地位，但一些农村土地流转只发生在使用权之间，实践中对于农民集体的理解及其执行机构的认识较为混乱，一些村委会、村干部滥用职权、谋取私利的现象时有发生。在土地利用转型进程中，由于交易程序不规范、土地市场机制不完善以及有效的交易保障的缺失和农民相关知识能力的薄弱等因素，导致农民土地权益得不到有效保障，丰富土地利用转型社会补偿内涵、合理测算农

户土地利用转型有利于加强农民土地权益保护，保护农民生存发展权。

1.3 研究综述

1.3.1 土地利用转型

作为一种综合性研究土地利用和土地覆盖（LULC）变化的新方法，土地利用转型是指土地利用形态的变化及其伴随着的社会经济发展转型。土地利用形态作为土地利用转型的核心，通常包含显性形态和隐性形态。显性形态指土地的数量、结构和空间格局；相比于显性形态，隐性形态不易被发现，它包括土地的质量、产权和管理模式以及输入输出能力等特征。"土地利用转型"最早提出于 1986 年，是英国利兹大学的 Grainger Alan 在研究以林业为主的国家的土地利用时受森林转型假说的启发而提出来的。Grainger 假设大多数林业国家都要经历"持续毁林——林业和农业部门之间达到一个新的平衡"的发展阶段，这种平衡可能会随着社会经济的不断发展被打破，而重新达到一个新的平衡。

国外关于土地利用转型的研究主要集中在林地转型，并围绕其发生机制、典型路径及驱动因素等对林地转型理论进行探索。除此之外，国际上土地利用转型研究还涉及全球对土地利用转型的影响、土地利用转型的环境影响以及社会生态学方面。Lambin 和 Meyfroidt 以越南的森林转型为例，发现社会生态反馈可更好地解释森林采伐减速和森林覆被逐渐稳定的现象，而外生的社会经济要素可更好地解释森林重造的现象。此外，Lambin 和 Meyfroidt 认为土地利用转型着重于土地利用变化的非线性过程并且与其他社会系统和自然系统的变化密切相关。Red 等发现在社会经济发展和环境异质性的交互作用下，不同地区的森林转型呈现了不同的特征——发达地区森林增多，欠发达地区潮湿森林减少，针叶林、干燥林增多，从而对原有森林假说进行了补充、扩展。

通过对近 30 年的文献分析发现，国内"土地利用转型"在研究主题方面，频次较高的关键词有驱动因素、景观格局、土地利用结构、生态服务价值、城市化及动态监测等，这反映出我国在土地利用变化领域该研究时段内的研究重点。在具体技术方法方面，相关的高频关键词有马尔科夫模型、元胞自动机、转移矩阵、CLUE-S 模型、景观指数、动态度、主成分分析、Logistic 模型 、TM 影像等，而遥感（RS）和地理信息系统（GIS）这两个综合技术手段也是高频关键词。在研究区域方面，"重庆"和"农牧交错区"出现的频次较高，这反映研究时段内我国在土地利用变化领域的研究热点区。

　　具体来讲，在研究主题方面，土地利用变化生态角度的研究重点，从对生物多样性的影响过渡到生态环境效应，及至近几年来对生态系统服务价值影响的研究；土地利用变化的景观格局在研究中也很常见，反映我国对土地覆盖变化状况的评估研究更多从此角度进行；驱动因素作为长时间的研究热点，加上与之相关的城市化等关键词，一方面与国际土地利用／覆盖变化研究计划的研究重点一致，另一方面与我国处于城市化快速发展阶段，对土地利用变化驱动因素的影响着重于城市扩张角度、高度。关于 LULC 变化的动力机制研究，有的学者集中在土地利用类型的面积变化以及经济、社会和自然方面，进而揭示在中国 LULC 变化的驱动力。也有研究结果显示大规模的土地利用改变主要受长期的自然因素和短期的社会因素和经济因素影响。

　　在研究区方面，农牧交错区慢慢被海岸带取代，这与我国海岸带的重要性提升以及生态脆弱性加剧有关；重庆作为研究热点区与三峡工程的建设以及直辖市的设立有很大关系，此外重庆市复杂的自然环境、发展不均衡的区域经济也是原因之一。王静怡等以重庆万盛经开区为例进行经济开发区的资源枯竭城市转型评价，发现万盛经开区转型期间土地利用与城市发展呈现耦合状态，基本协调发展。苏永莉以重庆市遥感影像为主要信息源，以林地为研究对象，从土地利用角度对重庆市的森林转型进行分析，研究发现重庆市林地面积呈增加趋势但各区域和各区县由于发展重点不同其森林转型的程度也各不相同，耕地、草地是林地增加的主要来源，而林地的流失主要是流向耕地、草地、建设用地。姚士谋等以长江三角洲地区若干城市发展的典型实例为例，研究城市空间演化的基本特征、动力机制与功能变化及其城市空间演化的趋势。我国 20 世纪 90 年代以前的城市郊区土地利用变化呈现出如下规律：近郊农业用地—菜地—工业用地—居住填充—商业服务设施配套。此种土地利用变化特征与西方国家城市以居住为主的郊区化扩展过程不尽相同。

　　在研究技术手段方面，涉及的模型可以大致分为模拟数量变化的数量模型，如马尔科夫模型、系统动力学等和模拟空间变化的空间模型，如元胞自动机模型、CLUE-S 模型、Logistic 模型、人工神经网络（ANN，Artificial Neural Network）等。其中，系统动力学模型可以很全面地考虑土地利用驱动因子及模拟不同情境土地利用变化数量的能力，在多情景模拟中具有优势。但这些数量模型缺乏空间概念，具有结果很难在空间上直观表达的缺陷，若与空间信息技术如地理信息系统技术结合将有效弥补这一缺陷，如将模型数量预测的结果作为空间模型迭代收敛的条件。空间模型中，元胞自动机模型是经典的土地利用变化模拟模型；CLUE-S 模型由荷兰瓦赫宁根大学"土地利用变化和影响"研究小组开发，由计算土地需求的非空间分析模块和进行土地利用变化空间模拟的空间分析模块构成，是我国土地利用变化空间模拟研究中使用非常广泛的空间模型之一。Logistic 模型和 ANN 模型都可用于对土地利用变化的空间模拟，特别是 Logistic 模型具有不逊于元胞自动机模型的空间模拟能力。虽然不同的模型有各自的缺陷存在，如元胞自动机模型在模型结构、变量以及参数估计方面存在较大的不确定性，无法揭示土地利用空间变化的系统原因等不足，但这些经典模型仍都具有不可替代的重要影响。

综合分析土地利用转型在研究主题、技术手段、研究区域等方面的变化，未来土地利用变化研究领域可能存在以下发展趋势：①生态系统服务价值的深入研究，尤其是土地系统变化对生态系统服务价值的影响。近年的研究有两个趋势值得关注，一是基于生态系统服务价值对土地利用规划的影响进行评价，二是典型区及中微观尺度特定生态系统服务价值的评估研究。②可持续发展相关研究，研究对象包括由于人为因素导致且影响范围大的生态脆弱区等，研究重心可能是土地系统可持续的决策与管理机制。③区域差异，特别是区域间土地系统动力机制的时空分异研究。④ RS 和 GIS 作为综合技术手段得到越来越广泛的应用，从长远来看，模型的综合及融合是发展的必然趋势。一方面，统计模型和空间模型的融合将有效地增强模型预测结果的科学性、实用性以及实现多情景模拟和土地利用政策仿真；另一方面，将气候变化、农户行为以及生产模式等因素融入土地利用变化，将使模型能更好地模拟与理解耦合的人类—环境系统。

在农村土地利用转型方面，德国的土地整理与村庄更新计划、俄罗斯的土地整理、韩国的新村运动、日本的村镇建设与村镇示范工程等都是农村土地利用转型的实践。Carmen 和 Elena 分析城镇化背景下的农村居民点用地转型，其与农村居民生活方式的改变、农业产业结构的调整、农村功能的变化以及人口的非农化等有关。Wasilewski 和 Krukowski 在分析波兰城郊农村居民点用地转型时认为各利益主体的博弈过程就是城郊农村居民点用地转型的过程，而影响利益主体决策的因素主要是政府管理和产权制度。Delphis 和 Daniel 认为，村庄和城市边缘农地的非农化是农用地向居住用地转型的重要因素。Dahms 通过对加拿大特定村庄区域的村庄的考察，分析了村庄用地功能的演变和转型。国内学者李秀彬对解释农村土地利用变化的四大假说（基于马尔萨斯人口论的土地面积持续扩张假说、博斯鲁普的需求诱发型集约化假说、吉尔茨的集约度弹性假说、土地利用粗放化假说）进行了分析并围绕这些假说和农村土地利用环境效应进行了实证研究。刘成武等从集约度、播种面积与耕地撂荒变化三个方面对中国 1980—2002 年的农村土地利用变化的区域差异进行了研究。龙花楼指出，同一时段内我国不同的农村区域会有不同的土地利用转型阶段，土地整理政策的制定与实施要充分考虑待整理区所处的土地利用转型阶段。另外，实施土地整理可促使区域土地利用转型阶段的转变，同时土地利用转型也对土地整理提出了更高层次的要求。ZhuFengkai 等通过分析农村土地利用转型探讨了农村居民点的功能演变并以北京为样本进行了实证分析，发现从邻近市区农村到农村腹地土地利用结构具有明显的差异。农村土地利用转型研究是随着土地利用转型研究的发展进行的，其研究内容也会随着土地利用转型研究和相关技术与方法的成熟而不断丰富和深入。

1.3.2 社会效益评价

实践证明，单纯的经济评价无法包括人口、环境、社会和社会进步等有关内容，因此考虑经济评价之外的社会和环境问题需要进行社会效益方面的评价。国外理论界并没有严格的应用社会效益的概念。与此相关的是对项目评价方面取得了丰富的成果，关于项目的财务评价和经济评价早已形成了较为成熟的理论和方法。20 世纪 60 年代以来，各种社会效益评价理论与方法逐步形成并得到发展。国际上关于社会效益的评价起源于工业项目后评价，主要分为两类：一类为狭义的社会效益评价，它以经济学为基础，把经济增长和收入分配紧密结合，以此观察工业项目的实施对社会效益的影响程度；另一类为广义的社会效益评价，它更加关注由"发展"带来的利益分配的不平等程度和"发展"的非经济性一面。最早进行社会效益研究项目的是法国工程师杜庇，1844 年他发表了《公共工程效用的度量》一文，第一次提出了"消费者剩余"靠近特定的临近地区思想，文章从财务角度和社会角度来评价项目产生的影响。美国通过法律来体现对社会效益的重视，1880 年旧金山通过了第一部土地专门用途分区管制条例，主要用于禁止洗衣店邻近的特定区域。世界性组织机构也非常注重项目社会评价的研究和应用。1984 年，世界银行就首次要求"社会性评估"应成为世界银行项目可行性研究工作的一部分。1985 年世界银行出版的《把人放在首位》介绍了社会分析在农村发展项目设计中的应用。黄渝祥是国内社会评价方面最早的研究者，他在《费用—效益分析》中对项目社会评价的基本原理和方法做了翔实的阐述。傅家骥在"费用—效益分析"基础上提出了项目社会评价的成本—收入法和成本—效能评价法，成本—收入法主要针对效益与成本都能用货币计量的情况，成本—效能评价法主要针对社会效益无法用货币度量的情况。随着社会发展观的重心从"以经济增长为中心"到"以人为中心"的转变，社会效益评价已然成为与国民经济评价、财务评价、环境影响评价相并列的一种独立的投资项目评价方法，越来越受到政府、投资机构以及广泛的利益相关者的重视。

在社会效益的内涵研究方面，文献表明社会效益的内涵应该至少包括社会生态效益、社会经济效益和社会精神效益三个方面的内容。中华人民共和国国家计划委员会于 2001 年的《投资项目可行性研究指南》中将社会效益评价定义为分析拟建项目对当地社会的影响和当地社会条件对项目的适应性与可接受程度，其内容包括项目的社会风险分析、项目与所在地区的互适性分析和社会影响分析。中国国际工程咨询公司在《中国投资项目社会评价指南》中指出，社会效益评价是监测、识别与评估投资项目的各种社会影响，规避投资项目社会风险，优化项目建设实施方案，促进利益相关者对项目投资活动的有效参与的重要手段。董福忠在《现代管理技术经济词典》中指出社会效益评价是人们对社会行为所引起的社会效果或其所从事的社会活动的评价，可以从国防、政治、文化、社会稳定、道德、就业、精神、福利以及生态、环境、自然、资源等方面进行评价。高学栋认为社会效益分为社会精神效益、社会生态效益与社会经济效益。陈阿江认为社会效益评价是把项目放在一般的社会系统中去分析，是社会学理论和方法在项目实践中的应用，要同时顾及项目自身的利益和项目所在地区的公平公正与经济发展。赵凤山等在《高速公路间接社会效益指标体系研究》中，对社会效益的特征归纳为宏观性、间接性、长远性及区域性等。这给社会效益概念的界定以及相应指标的选取都提供了方向。张捷认为社会效益是社会利益的实现程度，社会利益包括居民的利益、企业的利益和政府的利益在内的综合利益。他建立了一个新的投入产出模型来计算社会效益，其缺陷是分析缺乏深度、理论基础不牢固。王昌海等在分析自然保护区时认为社会效益是根本上对人类社会有利的各种影响，自然保护区的社会效益就是自然保护区自身功能对周围社会所产生的影响和带来的效益。颜伦琴认为社会效益是指某一件事情、某一种行为、某一项工程的发生所能提供的公益性服务的效益。张颖在对森林社会效益的核算中提出森林的社会效益包括森林的旅游价值、林业职工医疗费的降低、森林的社会文明进步效益值、森林的就业效益、优化产业结构效益等。社会效益的概念内涵不可回避的一个问题是社会效益和经济效益之间的关系，社会效益和生态效益之间的关系，其边界如何确定是一个很棘手的问题。但是，绝大多数关于社会效益的文章，就社会效益都只是泛泛而谈。比如，辽宁省交通勘察设计院的李华和晓白在《沈大高速公路社会效益》一文中，只是谈及了沈大高速公路为完善辽宁省交通运输体系、提高综合运输能力、促进辽东半岛经济发展和扩大对外开放做出了积极的贡献。又比如，王卫平在《企业经济效益和社会效益的层次关系》中，主要说明在社会主义市场经济体制下，企业的经济效益和社会效益不是简单的并列关系，而是一种目标和约束的层次关系。其中，经济效益目标在企业经营管理目标体系中占据支配地位、起着主导作用，其他目标则难以与之相提并论。还比如，李庆中的《南水北调西线工程对西部开发的社会效益浅析》一文，从经济发展、就业、环境、交通等方面对调水区和受水区的社会效益进行剖析，但缺乏对社会效益概念本身深入的讨论。总的说来，对社会效益概念的认识至今还没有达成共识。本书认为，社会效益评价是对某项人类活动满足公共需要的分析与度量。社会效益是一种社会评价，是对公共利益的度量。社会效益是相对于经济效益而言的，两者的关系是可以统一的，后者是前者实现的前提和基础，前者是后者实现的条件和保证。

在社会效益评价方法研究方面，赵凤山对高速公路评价方法提出了社会效益评价的基本步骤，方法被引用比较多，核心是专家打分法和模糊数学模型，主要应用于对高速公路社会效益进行粗略的定量化探索。高吉丽等综合运用结构分析法、层次分析法以及模糊综合评价法来构造生物资源产业化项目可行性研究中社会效益评价的定量模型。廖风华将层析分析法引入资源综合利用社会效益评价完成了对戏院综合利用项目的社会效益评价。周伟等以四川省内江市区域经济为例，运用人工神经网络方法，分析了影响区域经济各因子的主次顺序，为高速公路社会效益量化的变量选择提供了一种新的研究方法。刘锡健等运用神经网络方法对石油工程项目社会效益进行综合评价。李庆瑞提出多层模糊分析模型，并利用该模型对少洛高速公路进行了社会效益评价。徐淑雨利用灰色系统理论建立了灰色线形回归组合模型，并据此测算了厦门海沧公路大桥项目的社会效益。王迪海结合我国的国情及林业建设的目的和意义，采用经济替代法与条件价值法对森林的社会效益进行评价。这些领域的研究方法可供土地利用社会效益评价借鉴使用。王静、郝玉珉等指出结合农村土地实际情况，提出农村土地利用社会效益概念，采用德尔菲法和层次分析法相结合的方法确定权重，结合河北省周县实际情况，对 1996—2002 年农村土地利用社会效益进行评价。张士海从用地公平、居民生活质量、社会公平和社会保障四个方面构建土地利用社会效益评价指标体系，采用层次分析法和变异系数法通过综合评价模型对湛江市土地利用社会效益进行评价。梁敏以南京市浦口区万顷良田建设工程中三个村片的整治工作为基础，采用调查问卷方法分析社会效益评价体系中的各项指标，用问卷的内容判断农村土地整治工作所取得的社会效益是否合理。姜涛、臧金利用多层模糊分析方法对土地整治项目社会效益进行评价，并结合大连市土地整治项目工程实践对该模型进行实例验证。洪开荣、刘欢等采用区间直觉语言的方法对土地整理项目的社会效益评价进行评估和分析，结果表明：农村社会面貌影响指数评价较高，土地资源合理利用指标评价一般，农村社会保障指标评价较差。

综合文献研究，社会效益评价方法主要有定量分析法、定性分析方法、有无对比分析法、条件价值评估法、投入产出模型和综合分析评价方法等。

定量分析法，通过数量演算反映社会效益评价结果，需统一量纲及判断标准参数，其优点是评价结果比较直观，缺点是社会效益评价涉及大量的、复杂的社会因素使其评价难度较大。

定性分析法，一般通过文字描述说明事物的性质。社会效益评价的定性分析要确定分析评价的基准线，在可比的基础上进行。但定性分析与定量分析的区别并非绝对，定性分析在可能的情况下或源于需要应尽量采用直接或间接的数据以更准确地说明问题。

有无对比分析法通过对比分析有项目情况与无项目情况来进行社会效益评价，它在社会效益评价中比较常见。通过有无对比分析，可以确定评价对象引起的社会变化。

条件价值评估法，是应用最广泛的公共物品价值评估方法之一，是社会效益评价的重要方法。哈佛大学的 Davis 于 1963 年发表了关于 CVM 的第一篇论文，至今 CVM 方面的文献累计超过 5 000 篇。CVM 通常随机选择部分个人或家庭作为样本，以问卷调查的形式通过询问一系列假设的问题，模拟市场来揭示消费者对公共基础设施、资源环境等公共物品和服务的偏好，并获得受访者对评价对象的支付意愿。国内对 CVM 的应用主要集中在资源环境领域，如薛达元等探讨了长白山自然保护区的旅游价值和非使用价值，林逢春等评估上海城市轨道交通社会效益。但是由于应用历史较短，国内 CVM 应用相对来说较为落后，在理论方法探讨、环境信息提供、调查问卷设计、调查抽样、调查数据筛选、结论验证与可靠性分析等方面研究有待深入。

投入产出模型，自美国新泽西港务局于 1979 年将其应用于评价港口产业的社会效益研究之后，其应用就比较普遍，是经济学比较成熟的方法。投入产出模型将每一个产业的产出物作为投入物，依次进行另一服务或货物的生产，所有产出物都在特定的时间和区域内销售。每一产业的服务和货物的最终需求与其他产业之间的关系形成一张投入产出表，反映在某一特定时间区域内产业之间相互依赖的关系。

综合分析评价方法，在单项指标分析评价的基础上应用预测学、决策学、运筹学、数学等学科知识方法进行社会效益的综合分析。常用的综合分析评价方法包括矩阵分析总结法和多目标综合分析评价法两类。矩阵分析总结法是将社会效益评价各项指标列为矩阵表，将各指标的单项评价结果按各项指标的权重排列顺序，列于矩阵表中，由评价者对矩阵表所列的各指标进行分析并判断其对社会效益的影响程度。多目标综合分析评价方法主要有数据包络分析法、专家评分法、灰色综合评估法、德尔菲法、层次分析法、模糊综合评价法、主成分分析法、满意度评价法、系统动力学方法、人工神经网络方法等。

1.3.3 征地补偿标准测算

1. 国内外征地补偿标准概况

在美国，土地征收前的市场价格是美国土地征收补偿计算的依据，保护土地所有者的利益在美国被视为补偿的重点，在计算时对被征土地现有的价值和被补偿土地可预期、可预见的未来价值都有充分的考虑。同时，对于征收土地而导致的相邻土地所有者、经营者的损失也会被补偿。

在加拿大，被征土地的市场价格是征地补偿的基础，补偿时根据当时的市场价格对土地的最高使用用途和追加用途进行补偿，其补偿具体包括四个方面：①根据土地的最高和最佳用途按当时的市场价格对被征用土地本身进行补偿；②对被征用地块剩余的非征用土地产生的有害或不良影响的补偿（如严重损害或灭失价值），主要指由于建设或其他用途对剩余的非征用土地造成的损害、对个人或经营造成的损失及其他相关损失，这种补偿包括被征地本身和受征地影响的周边地区的非征地；③干扰损失补偿，即失去土地的土地所有者或承租人由于其不动产全部或基本被征用所造成的成本或开支补偿；④重新安置的困难补偿。

在英国，土地征收补偿以买卖双方相互自愿的市场价格为补偿的基础，买卖双方对土地的补偿有较详尽的规定，补偿遵循等价原则。

在德国，征地补偿内容包括三个方面：①补偿对土地或其他标的物造成的损失；②营业损失补偿，以在其他土地上投资可获得的同等收益为标准；③征地所造成的全部附带损失补偿，以官方公布征用决定时土地的市场交易价格为准。

在法国，以征用裁判所一审判决之日的土地交易价格为基准作为征地补偿价格，在考虑土地交易价格的同时参考被征土地周围的土地价格或纳税时的申报价格来计算征地补偿价格。其补偿与被征地的实际用途有关，以被征地公布征用规定 1 年前的实际用途为准。

在瑞典，为了控制土地补偿费的投机行为，将预期土地变为公共土地而引起的价格上涨部分不计入土地补偿费标准，其对土地征收补偿价格的计算，以 10 年前该土地的价格为准。

在韩国，将公示地价作为土地征收补偿的重要标准，其具体内容主要包括三个方面：①地价补偿，以公示地价为准，是征地补偿的主要部分；②残余地价补偿，在征收过程中，对可能导致残余地价值减低或因残余地需修建道路等设施和工程予以补偿；③迁移费用补偿，对被征地上的定着物给予相应的补偿。

我国《土地管理法》规定，征地补偿费用包括土地补偿费、安置补助费、社会保障费以及地上附着物和青苗的补偿费。其中，土地补偿费为该耕地被征收前三年平均年产值的 6 ～ 10 倍。

从上述举例补偿标准可以看出，大多数征地补偿都是以土地征收时在公开市场上能得到的"公平市场价格"为依据，虽然补偿标准各不相同，但其共同思想是考虑土地的预期收益，即征地最终补偿标准应包括土地的现有价值和规划变更后获得升值的未来收益。

2. 征地补偿标准测算研究

针对征地补偿标准及方法，国内许多专家学者多有研究。通过比较世界上其他国家的征地补偿的标准和范围，陈泉生认为我国的征地补偿标准要能够维持失地农民现有的生活水平不改变，扩大征地补偿的范围，同时提高征地补偿标准，以免土地征收后，失地农民的生产经营发生较大的变化。刘慧芳在研究我国现行的征地补偿标准后，发现征地补偿价格应当包含土地本身的价值和土地的社会价值，具体对失地农民而言土地包含了社会保障价值和社会稳定价值。刘燕萍学者认为，我国征地补偿标准的制定应当以农转非后的市场价格作为补偿依据，通过土地用途转变后的市场价格来制定征地补偿的标准。李明月、江华也认为征地补偿标准未来发展的方向应当是市场定价，但他们同时看到了我国当前无法实现土地自由流转，所以完全参照西方市场定价的征地补偿标准还没有实施的条件，但可以通过土地评估的中介机构，根据土地的区位、附近的土地出让水平、基础设施是否完善来评估土地市场价格。这个市场评估价格，可以为制定征地补偿价格提供借鉴。吕萍等学者认为以年产值倍数作为主要计算依据的征地区片法，虽然会参考被征地的区位、经济发展情况等，但征地补偿还应该包括土地的养老、医疗等土地保障的作用。李志、韩学平认为征地补偿标准应当改变当前由政府定价的模式，这种由政府定价的行为，不仅效率低下，还会损害被征地人的合法利益，可以让被征地人参与到征地补偿价格的制定过程中，保障被征地人的利益。李明月、史京文分析了当前土地成为地方财政的主要收入来源这一现实背景，虽然当前实施了征地区片综合地价，但是这种由政府定价而未考虑失地农民的具体情况，使得这一补偿标准的效果与定价作用相违背。因此，他们认为征地补偿的价格应当与土地出让金相结合，如通过参考地方的国民收入水平与建设用地的增加量，确定最低补偿的标准。诸培新、范胜龙等根据资源环境经济总价值理论，阐述了农村土地资源的功能特征以及相应的价值构成，认为随着农村土地被征用，原有的许多功能和价值构成将消失或者随着土地产权的转移而被新的土地使用者所享有。根据受益者付费原则，土地征用补偿价格应该由征用土地后的使用者支付，包括土地资源的使用价值和非使用价值的全部价值，被补偿的对象既包括农村土地所有者，也包括因农村土地征用后的其他利益受损者。霍雅勤、蔡运龙认为耕地资源经济产出的价值是耕地资源总价值中被征地原用途的实际收益，以此确定土地补偿标准，为按其预期收益来确定，对经营性用地，土地补偿应参照被征地相邻地区土地的市场价格给予补偿；对公共性质事业单位用地，应以基准地价为准或接近市场价格水平补偿，一般低于市场价格的一两成。陈会广等认为发挥政府与市场各自作用和比较优势是构建耕地保护补偿机制的可行思路，同时要加强法律政策、基金运作、土地规划、标准评估、市场交易等配套体系的建设。白小平、李海宇认为对农村土地的补偿标准应由土地市场来决定，必须全面构建由政府主导的农村土地流转社会补偿机制，通过"市场之手"和"政府之手"，以法治方式确保农村土地权益的充分流转和相关主体的利益维护。于锦坤在对我国征地补偿方式进行研究后，提出要以农村土地使用收益最高的用途作为计算的依据，并认为根据征地目的不同，应构建新的土地征用补偿标准。黄贤金认为，随着市场经济的发展，客观上要求土地作为商品，其价值由市场来确定，由此征地费应参照被征用土地的市场价格。

以上诸位学者的研究表明，他们看到了现行的征地补偿标准存在的诸多问题，只考虑土地产出的价值，忽视了土地作为失地农民的经济收入、养老医疗保障、未来子女教育等提供承载，从失地农民需求的角度来研究也是征地补偿标准调整的重要领域。然而目前在失地农民征地补偿的需求研究中，只有少数几篇文献提到了应该从失地农民的需求来建立征地补偿标准，且基本停留在定性的研究，在实证领域更是空白。

在借鉴以上研究成果的基础上，本研究认为，土地是一个系统的价值体系，它除了本身的经济价值外，还包括社会承载价值、生态服务价值等直接使用价值以及相邻地损害、集体经济空洞化等隐性价值。因此，征地补偿与其说是对土地的补偿，不如说是对土地所有者（包括集体经济组织和失地农民）的补偿，将"补偿对象（由于村委会与集体经济组织基本合二为一，对集体经济组织进行补偿相当于政府从一个口袋掏钱到另一个口袋，因此这里把土地补偿对象确定为失地农民更具有现实意义）能接受的补偿标准就是一个合理的补偿标准"作为本研究补偿标准测算的理论基础。

1.4　研究内容、方法与技术路线

1.4.1 研究内容

从研究目的出发，本书的研究内容主要包括以下三个方面：

（1）农户视角下农村土地利用转型社会效益影响因素作用分析。社会效益影响因素作用分析从农户与土地利用转型的适应性影响因素作用分析、土地利用转型社会效益评价影响因素作用分析以及两者的组合分析来进行，而农户与土地利用转型的适应性分析则通过农户对农村土地利用转型的成效评价和政策评价来实现。

（2）土地利用转型社会效益综合评价。这是为了获得武汉城市圈土地利用转型社会效益的整体现状，通过构建社会效益评价指标体系来实现。

（3）农户参与土地利用转型的社会补偿标准测算。基于社会效益评价与社会补偿测算的联系，从农户参与土地利用转型的意愿分析和基于调查的补偿期望值测算来实现。

研究内容各部分逻辑联系有以下三个方面：

（1）社会效益影响因素作用分析和社会效益综合评价是社会效益评价研究的两部分，社会效益影响因素作用分析是从农户微观个体出发，重在探讨哪些因素显著影响农户对土地利用转型社会效益的相关判断以及这些影响因素是如何影响农户的相关判断的。通过影响因素作用分析，了解哪些农户群体容易给出何种等级的社会效益评价，可以启发土地利用转型在政策制定或执行过程中针对不同特征的农户群体有不同的政策方向倾斜。而社会效益综合评价是从武汉城市圈区域出发，重在对武汉城市圈土地利用转型社会效益有整体上的直观了解，关心的是武汉城市圈土地利用转型的社会效益现状。

（2）土地利用转型社会效益评价影响因素作用分析和土地利用转型与地区农户适应性影响因素作用分析是社会效益影响因素作用分析的两部分，基于上节社会效益评价内涵研究（本研究定义的社会效益评价是指社会分析或社会影响评价），结合文献研究，借鉴中华人民共和国国家计划委员会《投资项目可行性研究指南》中将社会效益评价定义为分析拟建项目对当地社会的影响和当地社会条件对项目的适应性与可接受程度，其内容包括项目的社会风险分析、项目与所在地区的互适性分析和社会影响评价分析。本书社会效益分析内容确定为"项目与所在地区的互适性分析"和"社会效益评价分析",考虑到本书研究对象(农户)的特殊性以及本书的研究目的是从农户视角进行社会效益评价而非土地利用转型的政策制定者或执行者的视角,故将"项目与所在地区的互适性分析"对应为"土地利用转型与农户适应性分析"。因此,根据社会效益分析内容,社会效益影响因素作用分析从土地利用转型社会效益评价影响因素作用分析和土地利用转型与地区农户适应性影响因素作用分析两方面进行。"土地利用转型与农户适应性影响因素作用分析"有利于从不同特征的农户主体出发,探索促进土地利用转型与所在地区农户利益协调一致的途径,减少社会矛盾和纠纷,减少土地利用转型的社会风险,提高社会效益。

(3)政策评价影响因素作用分析和成效评价影响因素作用分析是土地利用转型与农户适应性影响因素作用分析的两部分,因为"土地利用转型与农户适应性分析"是为了分析预测当地农户对土地利用转型存在与发展的支持程度,而成效评价是农户对土地利用转型发展的现状描述,政策评价是农户对土地利用转型存在的评价,因此,从政策评价影响因素作用分析和成效评价影响因素作用分析来探究土地利用转型与农户适应性的影响因素作用,以分析预测不同特征的农户对土地利用转型存在与发展的支持程度。

基于以上内容,本书结构安排共分为8章。

第1章为绪论。在阐述研究背景的基础上,详细分析以农户为分析对象的武汉城市圈农村土地利用转型社会效益评价研究的理论意义与现实意义。国内外文献综述包括土地利用转型、社会效益评价和征地补偿标准测算,以整合此研究主题被思考过和研究过的信息并进行归纳与评述。从总体上初步分析了研究方法与技术路线,提炼文章可能的创新点。此部分主要是对整个研究进行概览。

第2章为理论基础与方法原理。明确土地利用转型基本概念,详细阐述土地利用转型、社会效益、社会效益评价、农户土地利用转型社会效益评价的内容、要素与特点,明确研究对象和范围。对人地关系理论、土地资源可持续发展理论、土地利用优化配置理论、系统论和协同论等进行系统性梳理,研究这些理论对本研究的启示。方法原理是对后面实证需要用的 Logistic 模型、Heckman 两阶段估计法、多级模糊综合评价、Probit 模型以及条件价值评估法的详述。

第3章为武汉城市圈土地利用转型概况及抽样调查。本章主要包括调查样本分析、调查问卷设计与方法分析、调查问卷信度与效度分析、调查问卷初步分析以及调查区域土地利用与土地利用转型现状、土地利用转型驱动力分析等内容。通过对调查问卷、调查样本以及调查区域的分析,初步了解调查选点、问卷设计、问卷收集、问卷的信度和效度检验,初步掌握调查区域土地利用转型现状和农户社会补偿现状，为后文的实证分析研究奠定基础。

第4章为农户视角下土地利用转型社会效益影响因素作用分析。在问卷调查基础上，从农户个体出发，探究当地农户对土地利用转型存在与发展的支持程度的影响因素以及会对农户对农村土地利用转型社会效益评价有影响的农户个人特征因素。

第5章和第6章为农户视角下土地利用转型社会效益综合评价体系构建与实证评价模型求解。从武汉城市圈区域出发，定量求取武汉城市圈农村土地利用转型的社会效益，包括评价指标的初选、评价指标的筛选、建立评价指标体系、构建多级模糊综合评判模型和模型的求解，获得武汉城市圈农村土地利用转型社会效益的综合判定值，了解武汉城市圈农村土地利用转型社会效益的整体现状。此外，通过社会效益评价指标体系权重研究，可以探究农户对社会效益各领域的重要程度判断；通过社会效益评价隶属度研究，可以探究社会效益在各领域取得的成绩。

第7章为基于评价结果的武汉城市圈土地利用转型社会补偿标准测算。首先对社会效益评价与社会补偿测算的耦合关系进行说明，确定农户社会补偿的方式。然后，结合武汉城市圈农户征地补偿现状分析，利用农户微观调查数据分析农户参与土地利用转型的决定因素，以"补偿对象能接受的土地补偿标准就是一个合理的补偿标准"为原则，运用国际上广泛应用的条件价值评估法估算农户参与土地利用转型的社会补偿期望值。

第8章为研究结论与建议。总结各项研究成果，对研究结论进行分析和探讨，在现状研究与实证分析的基础上提出针对性的政策建议，寻找研究的不足。

1.4.2 研究方法

1. 文献研究法

通过文献研究，收集、整理、分析国内外已有的最新研究成果，充实、丰富本书的内容，使本书有一个较高的研究起点。此外，在建立社会效益综合评价指标体系时，通过文献研究法结合实地调查确定初始评价指标。

2. 调查问卷法

根据研究需要，在调查区域选择具有代表性的地区进行问卷调查，将实地调查与座谈访问相结合，获取农户对土地利用转型社会效益评价的第一手材料，通过两轮调研，为研究提供现实依据。对掌握的农户调查材料进行整合分析，为农户对社会效益的评价和社会补偿标准测算研究提供实证。

3. 理论与实践结合法

本书既包括土地利用转型的相关理论分析和武汉城市圈农村土地利用转型现状分析，也包括对武汉城市圈土地利用转型社会效益判定与补偿标准测算的实证分析。在实证研究中，又运用到问卷法、访问法、观察法、量表法、抽样法、统计分析法、定性资料分析法等多种方法技术。

4. 定性分析与定量分析相结合

在分析武汉城市圈土地利用现状、土地利用转型驱动力以及农户对土地利用转型社会效益影响因素作用分析时，主要使用定性分析方法。在社会效益综合判定与社会补偿标准测算时使用数理统计模型，主要使用定量分析法。

1.4.3 技术路线

本书是实证评价研究，按照"研究综述—研究—结论建议"的思路进行研究。本书的研究技术路线如图 1.1 所示。

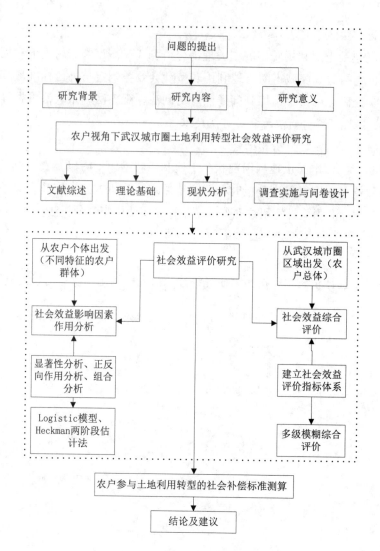

图 1.1 研究技术路线

1.5 主要创新点

本研究的创新主要有以下两点：

（1）本书从微观层面基于农户视角通过抽样调查法，结合 Logistic 模型和 Heckman 两阶段估计法，构建了武汉城市圈土地利用转型社会效益评价体系。采用"市—县—村—农户"四层分层抽样法，基于农户视角对武汉城市圈的农村土地利用转型情况展开调查并分析，通过 Logistic 模型探讨农户对土地利用转型的成效评价，基于 Heckman 两阶段估计法对土地利用转型社会效益评价影响因素作用进行分析，构建了武汉城市圈土地利用转型社会效益评价体系，综合判定了武汉城市圈土地利用转型的社会效益。

（2）综合运用 Probit 模型和条件价值评估法测算土地利用转型的社会补偿标准。目前对土地利用转型社会补偿标准的实证研究较少，本书基于社会效益评价结果，应用 Probit 模型分析了农户参与土地利用转型的意愿，并运用条件价值评估法测算出愿意参与受偿的农户的社会补偿期望均值，分析不同特征农户在期望受偿金额上的差异，为今后政府制定合理的社会补偿标准提供参考与依据。

1.6　本章小结

开展农户视角下土地利用转型社会效益评价的实证研究，理论上有利于进一步丰富土地利用转型社会效益评价系统和农民社会补偿测算的研究，实践上有利于武汉城市圈"三型社会"的协调发展，促进农村土地利用发展规划和整治调控更具针对性与可行性，增强农户参与土地利用转型的积极性，它是政策持续发展、解决现实问题的需要，具有非常重要的政策意义、理论意义和实践意义。本研究的目的在于基于农户的微观视角，研究土地利用转型社会效益评价，基于评价结果进行社会补偿标准的测算，从农户切入扩展到农村，以期在提高农户经济收入、改善农村环境、促进农业发展、建立合理可行的社会补偿标准等方面做一些有益的探索，为政府相关部门土地利用转型相关政策的制定与征地补偿标准的完善提供参考。研究的主要内容包括研究背景与意义、研究综述与概念界定、研究方法与技术路线、调查实施及基本信息分析、实证评价研究和结论与建议这几大部分。

在研究综述方面，国外关于土地利用转型的研究主要集中在林地转型，并围绕其发生机制、典型路径及驱动因素等对林地转型理论进行探索。除此之外，国际上土地利用转型研究还涉及全球对土地利用转型的影响、土地利用转型的环境影响以及社会生态学方面。国内土地利用转型研究主要集中在转型驱动因素、景观格局、土地利用结构、生态服务价值、城市化进程中的转型研究及动态监测等方面，常用的研究方法有马尔科夫模型、元胞自动机、转移矩阵、CLUE-S 模型、主成分分析、Logistic 模型、TM 影像、RS 和 GIS 等。社会效益评价是对某项人类活动满足公共需要的分析与度量。在社会效益评价方面，国外理论界并没有严格的应用社会效益的概念。本书认为，社会效益是一种社会评价，是对公共利益的度量。社会效益是相对于经济效益而言的，两者的关系是可以统一的，后者是前者实现的前提和基础，前者是后者实现的条件和保证。社会效益评价方法主要有定量分析法、定性分析法、有无对比分析法、条件价值法、投入产出模型和综合分析评价法等。在征地补偿标准面，本书将"补偿对象能接受的土地补偿标准就是一个合理的补偿标准"作为实证分析中补偿标准测算的理论基础。

本章内容整合了研究主题被思考过和研究过的信息并进行归纳与评述，明确了文章的研究内容和技术路线，对整个研究起到概览作用，下一章将分析相关概念的内涵以明确研究范围，研究相关理论基础对本研究的启示。

第 2 章　理论基础与方法原理

2.1　基本概念界定

2.1.1 城市圈

法国地理学家戈特曼最早提出城市圈（Urban Circle）的概念，国内有关城市圈的概念最早由北京大学的教授周一星提出。城市圈是由一定地区内相当数量的城市组成，在特定的区域范围内集中相当数量的不同类型、不同性质和不同等级规模的城市。国内外学术界对城市圈理论的研究成果主要集中在城市圈的形成机理及空间发展模式上，典型代表有增长极理论、核心边缘理论、城市体系理论。

城市圈最早出现在美国东部沿岸，后来欧洲及日本等很多发达国家、地区也都形成了城市圈。从 20 世纪 70 年代开始，发展中国家城市化水平较高、工业发达的地区也出现了向城市圈发展的趋势。本书研究区域武汉城市圈以武汉市为中心，依托一定的交通条件与自然环境，不断加强城市之间的内在联系。武汉城市圈是城市化进程的高级产物，不同城市共同构成一个相对完整、内部联系紧密的城市"集合体"。

2.1.2 土地利用与土地利用转型

土地利用的研究起源于 19 世纪屠能对德国南部地区的研究，他提出了土地利用的模式。20 世纪初期，W.D. 琼斯和 C.O. 索尔强调了土地利用概念。早期发达国家对土地利用的研究大多是对土地利用分类的研究，这是为了配合农业生产的需要而进行的。同时，关于土地质量评价、土地利用图编制等方面的研究也不少。1949 年，世界土地利用调查委员会于国际地理联合会第 16 届大会成立，这激发了世界各国地理界对土地利用分类与土地利用图编制研究的兴趣。世界土地利用调查委员会号召在全世界开展土地利用调查，并拟定了通用的土地利用分类系统。自20世纪60年代城市化加速发展以来，很多研究从城市生态学切入，发达国家土地利用研究的重点已由农牧区转向城区。现阶段，发达国家土地利用的研究重点是把土地利用规划和整体的环境规划联系起来，从提高土地生产率转向改善环境。

中国重视土地利用，但着重于农业用地，如开发荒地资源、提高现有耕地利用率等，对山地林区及草原牧区则不够关注。另外，中国土地利用研究成果以土地利用制图（如南水北调中东线区域土地利用遥感影像分类产品）、土地利用现状与问题分析较多，而理论方法研究较少。因此，需要在评价土地利用现状和存在问题的基础上探讨远景合理利用，在土地利用制图研究成果的基础上进行理论归纳和方法探讨。

土地利用转型是指人类为了某种经济社会目的对土地进行的干预活动，即在特定的生产方式和原有土地利用类型的基础上，人们为了满足当前土地利用需求对土地进行的再开发利用和整治活动。土地利用转型是土地利用形态在时序上的变化，是人口、自然、交通、经济发展以及政府综合驱动的结果，其机理如图2.1所示。其中，土地利用形态是指某地区在某时期内由主要土地利用类型构成的结构。

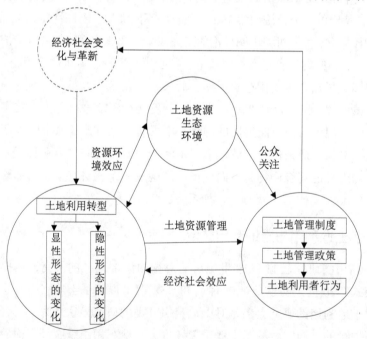

图2.1　土地利用转型的机理

土地利用形态既指单一土地利用类型在高一级类型中所占的份额（如将农村宅基地在城乡建设用地中所占的比例作为农村宅基地的形态来考察农村宅基地转型），也指包含显性形态和隐性形态两种形式。土地利用的显性形态，即某地区在某时期内由主要土地利用类型构成的结构和格局，含有空间结构和数量结构两重属性。土地利用显性形态的空间结构属性指各土地利用类型的地域分布和空间上的排列组合。一致的数量形态下，下一级土地利用类型的不同组合也可能显现出不同空间结构。例如，耕地面积相同时，全部种小麦与玉米、小麦各占种植面积就反映出不同的空间种植结构形态。土地利用显性形态的数量属性包括两方面：一是某种土地利用类型、几种土地利用类型组合或所有土地利用类型的面积；二是某种或几种土地利用类型的组合在高一级类型中所占的份额。目前，显性形态的变化分析主要从两个方面展开：一是基于时间序列统计数据进行分析；二是选择不同时点的用地空间数据进行叠置分析，提取不同时点的变化面积及来源去向，并通过构建相关指标体系来对面积、结构及空间格局等显性形态变化特征进行描述。除此之外，全国及长江沿线样带、三峡库区等区域的农村居民点用地数量、格局变化及村庄空心化等问题也引起了较多关注。

土地利用的隐性形态一般依附于土地利用的显性形态，即除去土地利用类型之外的，关于土地利用的其他隐性属性，如土地质量、经营方式、产权、投入和产出能力等多重属性。这些属性往往需要通过调查、分析、测算、化验才能得到，通常不能一眼就看出来。目前与中国快速工业化和城镇化进程相伴的社会经济变化和革新，使得土地利用隐性形态的变化逐渐成为当今土地利用转型研究的重要内容。同样的土地利用显性形态，其隐性形态可能千差万别。同一地区、数量相同的工业用地，受不同区位、交通状况的影响，在产业经营形式（劳动密集型、资本密集型、技术密集型）、土地利用集约度等方面可能存在很大的差别；其资金、劳动力和技术的不同投入比重可能会产生不同的产值和效益；受经济发展和制度改革的影响，其经营方式也会有集体经营、个体私营、联营、股份制等差别。

2.1.3 社会效益与土地利用转型社会效益

社会效益，从广义上来说包含社会经济效益、社会生态效益和社会精神效益；从狭义上来说是指某件事、某种行为或某项工程的产生所能提供的公益性服务，具体表现在社会福利、精神文明建设、提高人民生活水平等方面。本书所指的是狭义的社会效益，可以理解为社会领域的效益，也可以理解为从社会角度考察经济活动的效益，即人们所从事的经济活动给社会带来的利益和效果。经济活动的社会效益主要表现在经济活动对生活方式、价值观念、社会制度、社会组织、人口、文化教育、卫生体育、劳动、城乡建设、环境保护、社会秩序、社会福利、社会政治思想和伦理道德等方面的影响。

通过文献研究可知，社会效益的内涵应该至少包括社会生态效益、社会经济效益和社会精神效益三个方面的内容，综合其主要观点有：①社会效益是社会利益的实现程度，社会利益是包括居民的利益、企业的利益和政府的利益在内的综合利益；②社会效益是根本上对人类社会有利的各种影响；③社会效益是指某一件事情、某一种行为、某一项工程的发生所能提供的公益性服务的效益。诚然，社会效益的概念内涵不可回避的一个问题是社会效益和经济效益之间的关系，社会效益和生态效益之间的关系，其边界如何确定不是一个简单的问题。总的来说，对社会效益概念的认识至今还没有达成共识。本研究认为，社会效益是相对于经济效益而言的，两者的关系是可以统一的，后者是前者实现的前提和基础，前者是后者实现的条件和保证。

本书中武汉城市圈土地利用转型社会效益可以理解为武汉城市圈内土地利用转型的后果，是土地利用转型对武汉城市圈内社会保障、社会需求、社会发展、居民需求及城市发展的满足程度及其相应产生的社会和政治影响，如提高人口素质、社会安定、资源持续利用、提高卫生体育水平、资源协调利用等。随着城市的扩张和工业的发展，乡村耕地面积逐年减少，耕地质量下降以及农民种粮积极性降低导致单产下降；同时，物价上涨较快，虽然农村总经济收入呈现快速增长态势，但农村居民人均收入实际增长减缓且城乡收入差距较大，导致了检验居民生活水平的恩格尔系数仍然持续波动，村集体依靠"出租"经济带来土地经济效益的提升并没有真正转化为社会效益，农民视角下的土地利用转型社会效益有待研究。

梳理土地利用转型效益评价领域的相关文献，与社会效益有关的代表性观点众多。例如，熊征在评价武汉市土地利用效益时从社会发展评价方面选取人口密度、人均公共图书馆藏书、医院卫生院床位数、每万人拥有公共交通车辆和人均拥有道路面积这5个指标；刘文光在评价东湖开发区土地利用社会效益时选取了创新、社会协调和居民满足这3个指标；张士海等从用地公平、居民生活质量、社会公平和社会保障这四大方面对湛江市的土地社会效益的评价；林勇刚对城市土地利用的社会效益评价选择了城市居民需求满足度、城市社会协调发展和城市可持续发展3个方面；黄金鑫评价工业园区土地利用社会效益时选取了就业及收入、社会保障、社会及居民存款和健康保障4个方面；蒋浩等评价昭苏县土地利用社会效益时选取了单位面积社会从业人数、城乡居民可支配收入比、恩格尔系数、城镇居民和农村居民人均住宅建筑面积、交通用地的比重、每万人拥有医疗床位数和每万人普通高中在校学生人数等指标；李穗浓等在对广州市白云区 118 个行政村进行土地利用社会效益评价时选取了人口密度、教育普及率、地均社会就业人数、人均建设用地偏离度、公共服务设施用地面积比例和集体土地所有权确权率这 6 个指标；鲍金星等在农村土地整理社会效益上选取了劳动生产率提高度、道路通达度、机械化程度和新增耕地率这 4 个指标；王云霞等以陕西省揉谷镇 347 份农户调查为例，将农户视角下的社会效益分为农村效益、农业效益和农民效益；向亚丽将城市土地利用社会效益的影响因素表达为人均居住面积、人均可支配收入、人均用电量、交通用地比例、文卫教费用占财政支出比重；王雨晴等对全国 14 个大城市的土地利用社会效益指标选取了城市居民生活质量指标、生活方便和出行便利程度、社会公平指标和人民生活水平指标；王建庆从城镇居民生活质量、生活方便和出行方便程度以及人民生活水平三个角度出发，选取城镇居民人均居住面积、城镇人均道路面积、万人拥有公交车数量、万人拥有床位数以及恩格尔系数 5 个指标对浙江省百强县土地利用社会效益进行评价。综合文献观点，反映社会效益的指标主要有：①土地利用转型产生的直接社会效益和对社会发展所做的贡献水平，如地区生产总值差异变化程度、各乡镇单位面积地区生产总值离差系数等；②反映农业生产保障社会大众需要的程度，如人均粮食占有量、人均果品占有量、人均畜禽占有量；③反映基础设施水平的建设和人居环境，如人均道路面积、基础设施用地比例、人均居住面积、人均宅基地面积、人均建设用地面积等；④反映政府科学管理的水平，如农用地闲置率、废弃地复垦率、村镇建筑密度、旧村改造率等，也包括不同层次人群对土地利用转型的满意程度，如土地利用转型的政策法规、总体规划、政策保障、征地补偿款发放程度、土地纠纷案件的发生率等；⑤与人素质有关的因素，有利于保障、提高个人生活质量或精神享受的，如人口数量和质量、受教育程度、就业程度、生活质量、社会优秀文化遗产、社会接受能力、美学欣赏水平、公众参与程度等。

2.1.4 农户土地利用转型社会效益评价

社会效益评价起源于工业项目后评价，狭义的社会效益评价，是以经济学为基础，把经济增长和收入分配紧密结合，以此观察工业项目的实施对社会效益的影响程度；广义的社会效益评价，是随着人们从"以物质为中心"到"以人为中心"的发展观念的转变而发展起来，它更加关注由"发展"带来的利益分配的不平等程度和"发展"的非经济性一面。随着社会发展观的重心从"以经济增长为中心"到"以人为中心"的转变，社会效益评价已然成为与国民经济评价、财务评价、环境影响评价相并列的一种独立的投资项目评价方法，越来越受到政府、投资机构以及广泛的利益相关者的重视。

国家计委（现为中华人民共和国国家发展和改革委员会）在《投资项目可行性研究指南》中将社会效益评价定义为分析拟建项目对当地社会的影响和当地社会条件对项目的适应性和可接受程度，其内容包括项目的社会风险分析、项目与所在地区的互适性分析和社会影响分析；中国国际工程咨询公司在《中国投资项目社会评价指南》中指出，社会效益评价是监测、识别与评估投资项目的各种社会影响，规避投资项目社会风险，优化项目建设实施方案，促进利益相关者有效参与项目投资活动的重要手段；《现代管理技术经济大辞典》中指出社会效益评价是人们对社会行为所引起的社会效果或其所从事的社会活动的评价，评价涉及国防、政治、文化、社会稳定、道德、就业、精神、福利以及生态、环境、自然、资源等方面。

归纳研究，社会效益评价主要有四种：一是包含在国民经济评价中的社会效益分析；二是经济评价中加入收入分配分析；三是项目的国家宏观经济分析；四是引入社会学家参与的社会分析或社会影响评价。从理论上说，前三种都属于经济学范畴，以福利经济学为理论基础，它们之间的区别主要在于是仅指社会效益分析，还是既有社会效益分析又有经济增长分析经济评价；四是以社会学为理论基础的广泛的社会分析或社会影响评价。本书基于第四种，认为社会效益评价是一种社会评价，是对某项人类活动满足公共需要的分析与度量。

社会效益评价的内容一般包括两个方面：一是对社会效益和影响的评估；二是评价对象与社会相互适应性分析。农户土地利用转型社会效益评价的内容也可以从这两方面出发，分为"社会效益的评估"和"土地利用转型与农户适应性分析"，其内容可以包括土地利用转型区域的社会环境改善情况、自然环境改善情况、农户的需求满足情况、农户对土地利用转型的参与程度、农户对土地利用转型的满意程度等。

基于本书研究对象——农户的特殊性，农户对土地利用转型社会效益评价的要素有：①土地利用转型对农户产生的直接社会效益；②土地利用转型对农村社会发展所做的贡献，如对居民生活条件的改善；③土地利用转型保障社会大众需要的程度，如农户人均粮食占有量；④土地利用转型对农村基础设施水平建设所做的贡献，如农村人均建设用地面积；⑤土地利用转型实施及管理的科学性，如村庄建筑密度；⑥土地利用转型对农户个人生活质量或精神享受的提高程度，如生活质量、社会接受能力；⑦土地利用转型对农户社会保障的提高程度，如医疗保障、就业保障、养老保障；⑧农户对土地利用转型的满意程度。

农户土地利用转型社会效益评价的特点：①多目标性和多层次性。农户土地利用转型社会效益评价的内容广泛，其社会效益既可能是定量的也可能是定性的，有些影响可忽略，有些影响则举足轻重。因此，具体的土地利用转型社会效益评价必须立足于"突出重点"的基础上，充分重视评价目标和农户作为评价主体的特殊性，安排好评价内容。②间接性。土地利用转型的社会效益有直接的，但多数为间接的。人们更多地使用财务评价和国民经济效益评价分析直接效益，而将社会效益看成是间接社会效益，这些效益多数是按照间接效益或外部效益来计算的。所以，农户土地利用转型社会效益评价具有间接效益特点。③难以定量性。经济评价大多有具体数量指标计算投入和产出，而社会评价的内容多是间接效益，有许多社会因子和环境因子难以使用货币定量，也难以使用实物量甚至劳动量来定量。因此，农户土地利用转型社会效益评价具有难以定量化的特性，要实现其定量化的评价，需要剔除某些指标。④综合性。财务评价和国民经济评价的目标和指标都比较单一，但社会效益评价涉及影响到社会各方面的发展目标，这就要求评价时综合考虑社会影响。⑤差异性。社会效益评价无法设置统一的评价指标，土地利用转型区域不同，其社会效益也会不同；土地利用转型社会效益的评价主体不同，其社会效益也会不同。因此，需要针对不同的研究区域和评价主体的特殊性设置相应的评价指标。

2.2　理论基础

土地利用转型社会效益评价涉及社会、经济和自然等多个方面，所以它是一项综合性的工作。要全面地理解土地利用转型的社会效益，必须有多个科学理论与方法作为支撑。科学理论与方法用以指导土地利用转型社会效益评价的完成。在对土地利用转型社会效益的概念和内涵有了清晰的认识以后，为了更加合理地构建土地利用转型社会效益评价体系，对土地利用转型社会效益评价理论基础的认识就显得尤其重要。对理论基础有了清楚的认识，才能更好地评价土地利用转型所产生的综合效益。

2.2.1 人地关系理论

人地关系理论是有关"人类""人类社会活动""地理环境"三者关系的理论。人类生存以及人类社会活动都受到地理环境的影响。人地关系就是指人类社会发展过程中，人类为了生存和社会活动的需要，利用地理环境的同时不断加深改造地理环境，扩大地理环境，改变地理环境的面貌，增强地理环境适应能力；同时，地理环境影响人类生存与社会活动，具有地域特征和地域差异。这种人与地相互作用的综合体构成了人地系统，人地系统内部结构及作用机理如图2.2所示。

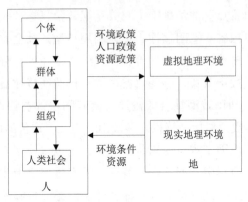

图2.2　人地关系系统结构及作用机理

人地协调的基础是人对地理环境的加深改造与扩大必须尊重自然规律，人是自然有机体的一部分，只有这样人与自然的相互作用才会处于动态平衡的和谐状态。其本质是正确处理适应自然与改变自然之间的关系，寻求人类社会和地理环境在结构和功能上保持相对平衡的方法，在地理环境有限的容量内进行人类生产活动，同时达到人类和地理环境长期共存、协调发展的目的。人地关系是否协调，主要取决于人，而不是取决于地，人地关系不和谐局面很大程度上是人向地过多地索取利益而导致的结果。

土地利用转型的研究是研究人地关系地域系统的一个重要载体。土地利用转型的过程是人地关系矛盾不断调和的过程，所以土地利用转型从某种角度上说也是一种人地关系的演变。

在土地利用转型的过程中，牢牢把握住"人"这个核心，以公众的需求为导向，并且考虑"地"本身的自然价值及属性，切忌只考虑局部利益，要维持人地关系的动态平衡，促进人地关系的健康发展。因此，将人地关系协调发展程度作为土地利用转型社会效益评价中需要考虑的因素显得尤为重要。

2.2.2 土地资源可持续发展理论

可持续发展的核心思想：主张人类与自然和谐相处，实现健康平衡的人地关系；主张生态环境与经济发展的同步协调；主张公平发展，强调代内、代际和不同区域间公平合理分配资源的状态。

1990年2月，首次国际可持续土地利用系统研讨会在印度召开，提出了土地资源可持续发展思想。土地资源可持续发展强调"人地"关系和由此产生的"人人"关系，"人地"关系强调对土地资源的利用与保护，"人人"关系强调土地资源所有者不能因拥有土地资源而不顾他人的利益，当代人不能只顾当前利益对土地资源进行掠夺式开发经营而影响后代人对土地资源的利用。

土地资源可持续利用应是一种以资源环境的可持续性为基础、经济的合理性为核心、社会的公平性为目标，旨在获取最佳的社会效益、生态效益和经济效益的高度自觉的理性行为，包括物质生产可持续发展、经济可持续发展、土地资源可持续发展和环境可持续性四个方面的内容。

人类利用土地在发展经济和创造物质财富的同时，也对自然资源结构、生态和环境产生了巨大的影响。尤其是土地资源，作为一项非常重要的无法被替代的自然资源，承载了人类大部分社会经济活动。当前，中国社会已进入城乡发展转型的重要时期，面临着经济增长方式转变和结构调整的严峻挑战。城乡发展的转型决定了土地资源传统的开发型、粗放型用地模式已经难以为继，土地资源需求刚性上升与其供给刚性不足的矛盾不断加剧。因此，改变原有的土地资源发展模式对实现可持续发展战略有巨大的意义。

研究土地利用转型的一个重要目标是探讨如何管理好土地资源，进而促进土地资源的可持续发展。因此，在评价土地利用转型的社会效益时，有必要考虑土地资源利用的可持续性。土地利用转型时期，为了实现土地资源的可持续发展，不仅要让土地资源得到科学合理的开发与利用，也要整治和保护好现有的土地资源，从而实现土地资源长期的、持续性的利用，让社会、经济、资源与环境协调发展，更好地满足人民需要，实现最优化的社会效益、资源环境效益和经济效益共同可持续发展的最终目标。

2.2.3 土地利用优化配置理论

土地利用优化配置是依据土地特性达到一定的生态经济最优目标的科学技术和管理手段。土地利用优化配置是一个复杂、综合的过程，是对适合于特定土地利用目标的多种用地类型的合理选择。土地利用优化配置的实质是确定一整套的土地利用布局活动来达到一定特殊目标的过程。其目的在于合理利用土地资源实现区域社会、经济、生态协调与可持续发展。因此，土地利用优化配置是一个区域多种土地利用类型的宏观构成及其在国民经济各产业部门之间组合的过程。

土地利用转型与土地资源优化配置息息相关，土地利用转型必然涉及土地资源再优化配置，需要以土地资源优化配置理论作为土地利用形态变化的基础。

土地利用转型往往涉及众多部门、机构和团体的利益，但土地利用转型制度的制定大多是一种自上而下的模式，社区、民众参与较少，极有可能符合了一部分群体的要求，而忽视了另一部分群体的利益。实践中，政府失灵和市场失灵偶有发生，土地利用转型也不一定能实现"公共利益"和"最优配置"的目标。公众的利益应该成为土地利用转型的宗旨，那么从公众尤其是农户的角度对土地利用转型的社会效益进行评价研究，其意义不言而喻。

为应对城乡转型背景下土地利用转型出现的新问题，决策部门亟须综合运用经济、法律和工程技术等多种手段，适时调整土地资源管理相关措施，以公众的利益为导向，权衡多方利益，更好地优化土地资源配置。

2.2.4 系统论和协同论

系统论本质上是把一个整体看作很多的因素，这些因素有机地结合在一起，构成了系统的研究对象。系统论反映了系统在发展演化过程中，要素间相关及要素影响系统、系统制约要素的内在关系。土地利用转型是一个涉及经济系统、生态系统和社会系统的复杂系统，土地利用转型系统的复杂性决定了土地利用转型社会效益的评价需运用系统论的思想，需重视土地利用转型社会效益评价体系中各指标之间关系的协调统一。

协同论是斯图加特大学教授哈肯于1971年提出的，该理论认为协同系统是由许多子系统组成的，能以自组织方式形成宏观的空间、时间或功能结构有序的开放系统。土地利用系统就是一个涉及经济系统、生态系统和社会系统的协同系统。"协同"是指反映系统或要素之间保持统一的状态和趋势。土地利用转型的过程就是整个土地利用系统不断变化和调整的过程。城乡转型时期，土地利用系统中各个子系统在交互作用中协同演进，共同推动土地利用系统的转型升级。

根据以上理论，在评价土地利用转型的社会效益时，第一，要全面广泛地收集土地利用转型系统各因素的资料，根据资料分析其中的各种因素；第二，根据各因素的特点和共性，全面系统地选取土地利用转型社会效益评价指标，既要突出特点又要体现整体性；第三，土地利用转型社会效益评价需要符合经济效益、社会效益和生态效益相协调的原则；第四，在选择确定土地利用转型社会效益评价方法时，也要全面考虑，做到全面系统地分析评价土地利用转型所带来的社会效益。

2.2.5 社会效益评价其他相关理论

土地利用转型社会效益评价研究的其他相关理论还包括土地价值理论、效益统一理论、城乡统筹理论、土地冲突理论等，这里不分别展开进行讨论。

土地利用转型社会效益通俗来说就是指土地利用转型的社会后果，是一个内涵十分丰富的概念。本书中的社会效益是指广义上的社会效益，涉及经济、生态和社会等诸多方面的因素，难以用单个或几个指标进行评价，必须建立科学、合理的评价指标体系以便进行全面分析和综合评价。社会效益评价的量化研究和经济效益研究一样，需要可供量化的指标体系，社会效益的分析一般以社会指标作为考察的最小因素。"社会指标"一词，最早是由美国学者雷蒙德·鲍尔在其发表的《社会指标》一书中提出来的。他认为社会指标是"在那些通常不易于定量测量或不属于经济学家专业范围的领域内，为我们提供有关社会状况的信息"。

土地利用转型社会效益的目标是实现社会经济的协调持续发展，其经济效益、生态效益和社会效益是统一的，土地利用转型过程中经济效益、生态效益是实现社会效益目标的基础。土地利用转型中经济效益、生态效益和社会效益所关注的内容也存在重叠交叉。土地资源的稀缺性和不可替代性使得对土地利用转型的社会效益评价得到许多关注，在进行土地利用转型社会效益评价时，应充分认识经济效益、生态效益和社会效益的统一性，进一步完善土地利用转型社会效益综合评价体系。

在进行土地利用转型的社会效益评价研究时，不能只看到土地价值中的经济属性，而忽略土地的其他属性，要综合考量多种效益，并且恰如其分地处理好人与人、人与地之间等多种矛盾，追求整体的协调统一。

土地是人类赖以生存的物质基础，土地利用转型的社会效益评价是为了更好地利用土地为人类服务，土地可持续利用是人类占有土地的最终目的。

2.3 方法原理

2.3.1 Ordinal Logistic 模型

Logistic 回归常被用来解决定性数据的回归分析。针对土地利用转型的政策评价与效果评价，本书运用 SPSS19.0 统计软件，在影响农户对土地利用转型政策评价、效果评价的因素中，重点考察个人特征（主要包括性别、年龄、受教育程度、是否担任村干部、是否为农民专业合作社成员等）、生产经营特征（主要包括劳动力数量、收入、经营规模等）、外部因素（主要包括是否参加过相关培训、新闻媒体的政策宣传、地域特征）、心理特征（如对政策合理性评价、对生态环境的依赖程度）对其价值认同的影响。本研究模型的因变量是"农户对土地利用转型的政策评价/成效评价"，变量类型为多分类有序变量。设因变量为 y ，$y=1$ ，表示"非常差"，即农户认为土地利用转型政策"完全没有"价值（成效非常差）；$y=2$ ，表示"差"，即农户认为土地利用转型政策"基本没有"价值（成效差）；$y=3$ ，表示"一般"，即农户认为土地利用转型政策的价值"不好说"（成效一般）；$y=4$ ，表示"好"，即农户认为土地利用转型政策"总体上"的作用较大（成效好）；$y=5$ ，表示"非常好"，即农户认为土地利用转型政策"完全是"有价值的（成效非常好）。

回顾国内外学者的研究文献，关于定序变量的处理主要有三种方法：一是把它看成连续变量，使用 OLS 回归模型进行分析；二是把它看成定序变量，使用 Ordinal Logistic 模型进行分析；三是把它转化为二分类因变量，使用二元 Logistic 回归模型进行分析。虽然三种模型在处理这类问题时都有一定的缺陷，但这三种方法的估计结果都非常接近，本研究采用第二种方法。

影响因变量 y 的 m 个自变量分别记为 $x_1, x_2, \cdots x_m$。那么，自变量与因变量之间关系的一般表达式为

$$y = \alpha + \sum_{i=1}^{m} \beta_i x_i \tag{2.1}$$

设 p 为农户对土地利用转型政策（成效）不同程度评价的发生概率，那么，p 记为

$$p(y \leqslant j) = p_1 + \cdots p_j \tag{2.2}$$

事件发生比率 (odds)，其数学表达式为

$$\text{odds}(Y \leqslant j) = \frac{p(y \leqslant j)}{1 - p(y \leqslant j)} = \frac{p_1 + \cdots + p_j}{p_{j+1} + \cdots + p_{k+1}} \tag{2.3}$$

上式中，$p_1 + p_2 + \cdots + p_{k+1} = 1$。对 odds 进行对数变换，则得到 Ordinal Logistic 回归模型的线性表达式：

$$\ln \left[\frac{p(y \leqslant j)}{1 - p(y \leqslant j)} \right] = \alpha + \sum_{i=1}^{m} \beta_i x_i \tag{2.4}$$

上述式子中，α 为常数项；m 为自变量的个数；β_i 是自变量的系数，反映自变量影响农户对土地利用转型政策评价（成效评价）好坏的方向及程度。

2.3.2 Heckman 两阶段估计法

农户对土地利用转型的社会效益评价可以划分为两个阶段：第一个阶段是农户认为土地利用转型是否能够带来良好的社会效益；第二个阶段是认为土地利用转型能够带来社会效益的农民对这种效益的大小评价。这就会导致分析农户对土

地利用转型的社会效益评价出现统计学上的"偶然断尾"（incidental truncation）情况。处理这类问题的一个较好的做法是采用 Heckman Selection Model 进行纠正。Heckman Selection Model 一共涉及两个方程：第一个方程为回归方程，它考虑决定结果变量的机制；第二个方程为选择方程，它考虑结果变量被观测到的那部分样本及决定此选择过程的机制。本书运用 Heckman Selection Model 考察农户对土地利用转型的社会效益评价与认同程度。在第一阶段，估计农户认为从事土地利用转型是否能够带来社会效益的概率的影响因素，该方程的表达形式为

$$P_i(s=1|z) = \Phi(\gamma Z_i + \upsilon) \tag{2.5}$$

$$s=1时，\ z\gamma + \upsilon \geqslant 0；\quad s=0时，\ z\gamma + \upsilon < 0$$

其中，$x_1, x_2, \cdots x_i$ 表示影响农户认为从事土地利用转型是否能够带来社会效益的一系列解释变量，β 表示解释变量的系数，μ 表示误差项，$P_i(s=1|z)$ 是在给定一系列解释变量 $z_1, z_2, \cdots, z_k$ 的值时农户认为土地利用转型能够带来良好的社会效益的概率，$\Phi(\cdot)$ 为标准正态分布的累积分布函数。利用式（2.5）可以计算出每个样本的逆米尔斯比率 $\hat{\lambda}_i$。

在第二阶段，利用认为土地利用转型能够带来良好的社会效益的样本，用 OLS 模型估计农户对土地利用转型能够带来的社会效益的评价的影响因素，同时引入逆米尔斯比率 $\hat{\lambda}_i$ 矫正样本选择性偏差，该方程的表达形式为

$$Y_i = \beta x_i + \delta\hat{\lambda}_i + \varepsilon \tag{2.6}$$

2.3.3 多级模糊综合评价

多级模糊综合评价模型是经典综合评价方法与多级模糊理论的有机结合，主要用于解决评价对象受各种不确定性因素影响，且各种因素又具有不同层次的评价问题。土地利用转型社会效益评价涉及多个模糊性因素，且影响社会效益的各因素之间又具有明显的层级性，因此选择多级模糊综合评价法建立农户视角下的武汉城市圈土地利用转型社会效益评价模型。多级模糊综合评价法对指标体系进行了分层，低层次社会效益评价得到上一层次社会效益的综合评价向量可以继续参与评价，可以避免在一层社会效益评价中因素过多使得每个因素的权重过小。其评价模型为

（1）因素子集 $u_i(i=1,2,3,\cdots,m)$ 进行一级综合评价。设 $\boldsymbol{u}_i$ 因素的模糊权重向量为 $\boldsymbol{A}_i$，$\boldsymbol{u}_i$ 的 k_i 个因素对 V 的综合评价矩阵为 R_i，选择一个一级模型对 $\boldsymbol{u}_i$ 进行模糊综合评价。设 $\boldsymbol{u}_i$ 的模糊综合评价集为

$$\boldsymbol{B}_i = \boldsymbol{A}_i \times \boldsymbol{R}_i = (b_{i1}, b_{i2}, \cdots, b_{in}) \qquad i=(1,2,\cdots,m) \tag{2.7}$$

（2）对 U 进行二级模糊综合评价

设 $U = (u_1, u_2, \cdots, u_m)$ 的模糊权重向量为 $A = (a_1, a_2, \cdots, a_m)$，构造二级综合评价矩阵为

$$B = A \times R = \begin{pmatrix} B_1 \\ B_2 \\ \cdots \\ B_m \end{pmatrix} = \begin{pmatrix} A_1 \times R_1 \\ A_2 \times R_2 \\ \cdots \\ A_m \times R_1 \end{pmatrix} \tag{2.8}$$

则得 U 的二级模糊综合评价为

$$B = A \times R = (b_1, b_2, \cdots, b_n) \tag{2.9}$$

社会效益模糊综合评价的主要步骤包括建立社会效益评价指标体系、社会效益评价集的建立、社会效益影响因素权重集及隶属函数的确定、模糊算子的选择和社会效益评价结果的处理。社会效益评价集是由对社会效益可能做出的评价结果所组成的集合，评语等级划分越细则社会效益评价结果越准确，但社会效益评价过程也越烦琐。权重是表征社会效益影响因素相对重要性大小的表征度量值，权重确定的常用方法有相关系数法、德尔菲法、熵权法、最小平方法、层次分析法和均方差法等，其确定结果直接影响社会效益综合评价结果。通过多级模糊综合评价，将得到的社会效益评语模糊子集结果按照最大隶属度原则选择最大对应的评语作为社会效益评价结果。

2.3.4 Probit 模型

Probit 模型与 Logistic 模型类似，也是用来处理因变量为定性数据的广义线性模型。不同之处在于，Probit 分析将某事件的概率转化成一个由累积的标准正态分布得出的分数而不是 Logistic 分布里面的比数对数的形式。并且 Logistic 模型服从 Logistic 分布，而 Probit 模型服从正态分布。其实这两种分布函数的公式很相似，函数值也相差不大，唯一的区别在于 Logistic 概率分布函数的尾巴比正态分布粗一些。当因变量是名义变量时，Logistic 与 Probit 没有本质区别，一般情况下可以换用。但是，如果因变量是有序变量，回归时只能用有序 Probit 模型。有序 Probit 可以看作 Logistic 的扩展。

针对农户土地利用转型参与意愿，这一被解释变量可定义为 0-1 变量。之所以将之定义为离散变量是为了避免识别中的影像问题（reflection problem）。在线性模型中，个人特征会"线性地"影响被解释变量而造成了影像问题，而在 Probit、Logit 等非线性模型中，影像问题可以被避免。本书选择基于个人层面的 Binary Probit 模型，分析影响农户土地利用转型参与意愿的关键因素。

在分析框架上，本部分采用"态度—行为—情境理论"（Attitude–Behavior–Context Model，ABC）。该理论中"态度"变量主要包含具体个体的信念、规范与价值以及一般的采取某种行为的倾向。"情境"变量则主要包含物质激励、成本、体能、强制、习俗与法律、公共政策、人际影响（如社会规范）等。在某些情况下，"情境"变量也可能包含更为广泛的社会情境维度，比如对环境团体的忠诚或者受环境团体的影响。态度的影响（如内部因素影响）和情境影响（如外部因素影响）之间的结构力度变化是态度—行为—情境理论的关键（图2.3）。在情境影响较弱甚至不存在时，态度与行为的关联较强；反之，在情境因素发挥最强的积极作用或者消极作用时，态度与行为之间实际上并无关联。

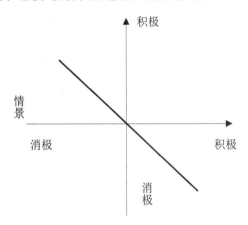

图 2.3　态度—行为—情境理论模型

2.3.5 条件价值评估法（CVM）

条件价值评估法（CVM）的最早应用是在 1947 年，是经济学家 Ciriacy-Wantrup 在对大众公共物品的支付意愿和需求情况研究的过程中采用的直接访问的方式。进入 21 世纪以后，CVM 的应用开始变得普遍而且广泛，评估水质改善、生态环境恢复、自然区域保护、健康风险减少等案例研究中都开始采用了条件价值评估法。Jorgensen 等在 2001 年展开关于环境公共物品条件估值的公平性研究，Loomis 等在 2000 年展开关于恢复流域生态系统的总经济价值评价等。近年来 CVM 研究更是发展到能源、卫星、温室气体、文化遗产、公共设施等的价值评估以及相关政策设计方面。2009 年，Loomis 通过对比研究提出了影响 WTP（willingness-to-pay）的诸多因素，对 CVM 的理论进行进一步探索。对美国三个州的居民对两种燃料处理方法减少野外火灾的英亩数的功能的支付意愿进行估计，将白人家庭和西班牙人家庭分开调查分析，比较不同种族对支付意愿有无影响，利用 CVM 评估了关闭高速公路以保护环境的非市场价值。

我们国家对于 CVM 的应用研究起步较晚，20 世纪 90 年代末 CVM 被引入我国，进入 21 世纪以后国内采用 CVM 评估环境资源经济价值的研究案例逐渐增加。CVM 在引入我国初期，主要应用于水质和空气质量的改善价值评估等方面，不仅应用领域单一，案例数量也十分有限。2002 年核心期刊上同时出现了几篇 CVM 的研究案例，说明该方法已引起我国环境经济学领域的重视。研究发展至今，我国 CVM 的应用也在不断完善和改进中发展，调查方式从邮件调查等形式发展为成本较高但效果更好的面访形式，调查问卷的设计也从开放式发展到支付卡式、二分式。支付卡式问卷设计比开放式更为合理，信息处理方法多样，数据处理方法简单易行、得到的评价结果较为准确，是国内 CVM 研究采取的主要形式。近年来，我国学者也开始不断尝试使用二分式问卷来对环境物品与服务进行评价，大多采用支付卡式和二分式问卷同时发放，对比分析的方法。实践证明二分式问卷相对于支付卡式更为合理，如何设计出更完善的二分式问卷，如何做好二分式数据的处理分析工作是我国 CVM 研究面临的一个新的挑战。随着 CVM 在我国的应用，其应用领域不再仅仅局限于最初的水质、空气改善价值评价以及生态系统价值评价方面，而是更广泛应用于如旅游价值、游憩价值、野生动物保护、卫生医疗、健康管理、生态系统多样性、农业用水、湿地保护、资源卫星的社会效益、图书的社会价值等各个方面。

CVM 分五步进行：①确定评估目标；②问卷设计；③实施调查；④数据的收集与处理；⑤ WTP 估计。做法流程如图 2.4 所示。

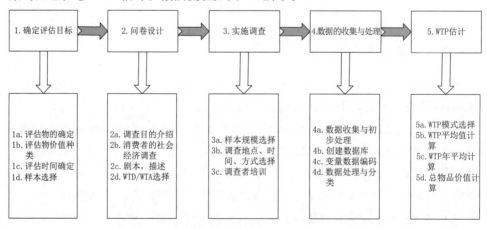

图 2.4　CVM 的进行步骤

来源：美国国家海洋与大气管理局（NOAA）

第一步，确定评估目标。这一任务包括四个方面：①待评估物品的确定，如土地价值或旅游价值等；②待评估物的使用价值、非使用价值的确定；③评估时间段的确定；④需要调查的对象（如因环境变化而受影响的对象）。

第二步，设计问卷。调查问卷设计之前需要确定研究所需的信息，然后进行问题的选择和设计。CVM 由于谋求人们真实的偏好，因此在提问时应尽量避免任何特定方向对消费者产生诱导。为了获得消费者真实的信息，问卷的内容设计很重要。CVM 方法的特点是通过构建模拟市场调查消费者的偏好表达。为此，问卷调查中剧本描述起了极其重要的作用。由于消费者没有真实面对待评估物，而通过剧本中所描述的物品来表达个人偏好，因此准确性、易懂、易辨别是剧本的基本要求。本书在对 CVM 的调查过程中，不仅希望获得个人的补偿意愿，也需要了解农户个体的社会、经济特征，如性别、年龄、受教育程度、婚姻状况、收入情况等可能对他们的补偿意愿产生影响的因素。

第三步，实施调查。CVM 的重要工作之一是收集数据。在实施调查之前，需要明确样本总量、调查地点、调查时间和调查方式。CVM 一般使用的是抽样调查的样本选择方式。影响 CVM 调查结果的一个重要因素是引导技术选择。CVM 的引导技术基本有三种，即开放式（open ended，OE）、投标式（payment card，PC）和封闭式（二分式，dichotomous choice，DC）。

第四步，数据的收集与处理。调查工作结束之后，需要按照研究所需的数据构建数据库，并进行数据的统计与整理。

第五步，WTP 的计算。CVM 的最终调查目标是确定目标人群所愿意支付的金额（WTP）。

对土地利用转型社会补偿标准进行测算，本书采用条件价值评估法（contingent valuation method，CVM），符合福利经济学对福利变化的衡量原则。目前，CVM 调查已发展成 4 种估价方式，它们分别为重复投标博弈法（iterative bidding games）、开放式问卷法（open ended）、支付卡法（payment card）和二分选择法（dichotomous choice），本书选择支付卡法作为本次调查的估价方式。支付卡法是指给定一组投标值，让农民从中选择一种作为受偿意愿。选择此方法主要是基于以下三个方面的考虑：一是 CVM 调查需要控制调查的长度，以避免受访农民因"不耐烦"而对调查结果产生影响，而支付卡法相较于其他 3 种方法较为简单，不会占用农民过多的时间；二是在发展中国家或地区，CVM 调查相对较少，农民对重复投标博弈法、二分选择法等估价方式较为陌生，而对支付卡法接触较多；三是通过预调查，确定农民受偿意愿的合理投标区间，这在一定程度上弥补了支付卡法的不足。

采用支付卡法估算农户参与土地利用转型的受偿意愿，具体实施过程如下：首先，询问被调查农户的受偿意愿。给定了两个选项，分别是"不愿意"和"愿意"。其次，将抗议受偿者（选择"不愿意"的农户）分离出来，进一步询问受偿意愿为"愿意"的农户，让其选择愿意受偿的金额。

在生态补偿标准的测算上，对受偿意愿进行非参数估计和参数估计，以便较为真实地反映被调查农户的真实受偿意愿。非参数估计方法不考虑被调查农户基本特征等相关变量的影响，本研究用于估计评价受偿意愿上限的计算公式如下：

$$E(\text{WTA}) = \sum_i P_i \times A_i \qquad (2.10)$$

式中：WTA 为补偿意愿；A_i 为农户愿意受偿金额；P_i 为农户选择该金额的概率。

计算农户平均受偿意愿的下限计算公式为

$$E(\text{WTA})_{\text{非负}} = E(\text{WTA})_{\text{正}} \times \text{正受偿意愿占全部受偿意愿的比例} \qquad (2.11)$$

参数估计方法则是考虑被调查农户基本特征等相关变量的影响。一般而言，被调查农户愿意受偿的最高金额在一定程度上受到了性别、年龄、受教育程度、家庭收入、职业等变量的影响。本部分拟采用 Heckman 两阶段估计方法中的期望计算方法来估算土地利用转型中农户的社会补偿标准，计算公式为

$$E(y_i|z=1, X_i) = X_i'\beta + \rho\sigma_e\sigma_u\lambda_i \qquad (2.12)$$

2.4 本章小结

开展土地利用转型社会效益评价理论与实证研究，涉及一定的理论基础和基本概念。明确城市圈、城市圈土地利用、土地利用转型、社会效益以及农户土地利用转型社会效益评价等概念、内涵以及农户土地利用转型社会效益评价的内容、要素和特点等是明确研究对象与研究范围的基础。人地关系理论、土地资源可持续发展理论和土地利用优化配置理论说明土地利用转型会带来不同的社会效益；系统论和协同论为土地利用转型社会效益评价提供方法启示。此外，本章对实证研究的方法进行了介绍，首先介绍 Logistic 模型，作为广义线性模型的经典模型之一，与线性模型的最大区别在于被解释变量为定性数据，主要用途有寻找影响因变量的影响因素、预测和判别，本书主要基于第一个用途。其次介绍 Heckman 两阶段估计，第一阶段是考虑决定结果变量的机制，第二阶段是考虑结果变量被观测到的那部分样本及决定此选择过程的机制，它可以克服在分析农户对土地利用转型的社会效益评价时出现统计学上的"偶然断尾"情况。再次介绍 Probit 模型，此模型也是广义线性模型的范畴，在解释变量为二分类变量式与 Logistic 模型可以

通用，与 Logistic 模型最大的区别在于 Logistic 模型服从 Logistic 分布，而 Probit 模型服从正态分布。最后介绍了条件价值评估法（CVM），该方法利用最大化原理，通过模拟市场情况，获取人们对调查对象的支付意愿和受偿意愿。下一章将进行目标区域研究以及调查实施准备。

第 3 章 武汉城市圈土地利用转型概况及抽样调查

3.1 武汉城市圈土地利用转型概况

3.1.1 武汉城市圈土地利用现状与土地利用转型

土地利用转型即在特定时期内，由于社会经济的发展和变化，某区域土地利用形态变化为另一种土地利用形态的过程。在我国，土地利用统计数据时间序列相对较短且前后统计口径相差较大，但由于自然资源条件和社会经济发展的差异，土地利用形态从空间角度看具有较大的区域差异，不同的城市和乡村地区在同一时期有不同的土地利用转型特点。

武汉城市圈是湖北省产业和生产要素最密集且极具活力的地区，是湖北省经济发展的核心区域。随着武汉城市圈经济社会的不断发展以及城镇化进程的不断加快，武汉城市圈的土地利用转型加速推进，从传统的农用土地转变为城镇建设用地的趋势也愈加明显，农村宅基地和耕地就成了武汉城市圈土地利用转型的最重要源头。因此，研究武汉城市圈农村土地利用转型的现状在一定程度上反映了当前武汉城市圈城镇化转型现状和进展，也有利于发现农村土地利用转型过程存在的问题，为提出相应的解决措施奠定基础。

此外，武汉城市圈是长江经济带中三大城市圈之一，是我国粮食主产区、两型社会建设实验区和经济的重要增长区，是新型城镇优化升级和聚集发展的纽带，区域土地利用转型需适应社会经济发展转型，其土地利用转型评价、土地利用转型与社会效益等问题的研究有利于优化区域土地利用布局。因此，本书选取长江中游城市群众的武汉城市圈作为样本进行土地利用转型的社会效益评价。下文将从土地数量情况、土地质量情况、土地利用、土地利用转型等方面对武汉城市圈现状进行分析。

武汉城市圈面积约 58 052 平方千米，圈内人有农户 500 多万户，农业人口
1 900 多万人，约占圈域人口 60%；农业劳动力 960 多万人，几乎占农业人口的
1/2。农用土地资源面积 6 000 多万亩，其中耕地面积占比约 1/3，可养水面占比约
13%，林地面积占比约 40%，可开发利用的"四荒"面积接近 700 万亩，占农用土
地资源面积的 11.5%。

在地形地貌上，武汉城市圈位于江汉平原，总体地势低平，地貌类型多样，
其中平原（含岗地）约占土地总面积的 50%，丘陵约占 30%，山地（主要为中低
山）约占 20%，北部和东北部属桐柏山和大别山脉，南部属幕阜山脉，中部为开
阔的江汉平原和鄂东沿江平原。

在土壤条件上，武汉城市圈全区土壤肥沃且种类繁多，共有土类 8 个，亚类
17 个，土属 56 个，土种 323 个，土壤成土母质丰富多样，面积从大到小依次是
水稻土、黄棕壤、潮土、红黄壤和山地土壤等。2014 年武汉城市圈土地面积为 5.8
万平方千米，占整个湖北省土地面积的 31.23%，各市的面积如表 3.1 所示。

表3.1　武汉城市圈2014年各市土地面积情况

单位：平方千米

城市圈	武汉市	黄石市	鄂州市	孝感市	黄冈市	咸宁市	仙桃市	潜江市	天门市
土地面积	8 494	4 583	1 594	8 910	17 446	9 861	2 538	2 004	2 622
排名	4	5	9	3	1	2	7	8	6

数据来源：2015年湖北省统计年鉴。

在土地质量情况方面，有关土地质量的表述主要有四种：一是指土地的特
性、条件及其满足人类农林业生产、环境管理等方面的需要程度；二是指土地价
值判断和各种性质的综合反映；三是指土地功能满足人类需要的程度；四是指土
地在一定的用途条件下，其生产力的大小或价格的高低，抑或该用途是否适宜以
及适宜的程度。此处依据上述的第四种对武汉城市圈土地质量情况进行分析。在
武汉城市圈土地的各种利用类型中，耕地对土地的质量要求相对较高，因为土地
质量状况的好坏对土地的农作物产量影响很大，所以用单位面积粮食作物产出量
来初步分析武汉城市圈土地质量的好坏，各市单位耕地面积粮食产量数据如表 3.2
所示。

表3.2　武汉城市圈2014年各市单位耕地面积粮食产量

单位：吨／千公顷

城市圈	武汉市	黄石市	鄂州市	孝感市	黄冈市	咸宁市	仙桃市	潜江市	天门市	平均值
单位耕地面积粮食产量	1 497	1 418	2 283	2 552	1 867	1 087	3 254	3 664	2 032	1 892
排名	7	8	4	3	6	9	2	1	5	—

数据来源：2015年湖北省统计年鉴。

　　由表 3.2 数据可知，2014 年武汉城市圈单位耕地面积平均产量为 1 892 吨／千公顷（1 公顷 =0.01 平方千米，全书下同）。在城市圈内部，潜江市的耕地粮食产量最高，为 3 664 吨／千公顷，大约为城市圈平均水平的 2 倍，土地质量状况较好；咸宁市、黄石市和武汉市的单位耕地粮食产量小，远低于城市圈单位耕地面积粮食产量均值，说明其土地质量较差。

　　在土地利用上，武汉城市圈从北至南依次分布着山地、丘陵、平原、滩地，土地利用类型具有明显的地域差异。武汉城市圈农用地比例最高，占比约 2/3，其次是建设用地和未利用土地，分别接近 1/10 和 1/4。在城市圈内部，农用地比例最高的城市为潜江市和天门市。其中，耕地主要分布在江汉平原，江汉平原属于山谷冲积平原，含仙桃市、天门市和潜江市，这三个市域的耕地所占比重均为 50% 以上；林地则主要分布在北部大别山区、中部大洪山区和鄂东南丘陵区，即黄冈市和咸宁市土地利用类型以林地为主，而耕地占比较小；而武汉市、鄂州市和孝感市都以耕地、林地和其他农用地三种用地类型为主，土地利用状况相近。建设用地比例最高的为武汉市，其作为省会城市，城市化水平高，人口密集，建设用地的需求量相对较大；建设用地比例较低的是咸宁市，其城市化水平相对较低，人口较少。未利用土地方面，黄石和鄂州市的未利用土地比例较高，这与其多丘陵、多荒地，土地利用难度大有关；天门市和潜江市未利用土地比例较低，其地势相对平坦，土地质量较好。

　　在土地利用转型方面，鉴于本书是基于农户视角的土地利用转型社会效益评价，而在农用地中，耕地是人类获取粮食的重要基地，耕地对农业的可持续发展至关重要，是农户赖以生存的基石和生产经营收入来源。因此，有必要对武汉城市圈的耕地变化情况进行研究，如图 3.1 所示，选取 2000 年、2010 年、2013 年、2014 年的武汉城市圈耕地面积数据进行分析。武汉城市圈耕地面积从大到小排序依次是：黄冈市、孝感市、武汉市、咸宁市、天门市、仙桃市、黄石市、潜江市、鄂州市。从 2000 年到 2014 年，城市圈内耕地总面积呈现不断上升趋势，其中，孝感市和咸宁市耕地面积上升明显，黄冈市耕地面积先上升后趋于稳定，武汉市耕地面积先下降后趋于稳定，而鄂州、潜江、天门等市耕地面积基本保持不变。

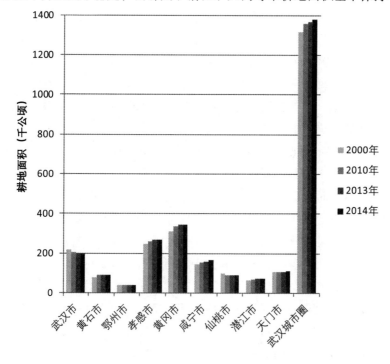

图 3.1　武汉城市圈耕地面积变化情况

数据来源：2015 年湖北省统计年鉴。

　　分析其变化原因，武汉城市圈耕地总面积的增加主要是随着技术的发展和人类对自然的改造加大了对耕地的开发，减少了未利用地的面积。另一方面的原因是耕地面积的测量发生了变化，当初丈量承包土地时，土地都是当零碎的小块而把田埂占地剔除掉，而随着生产技术的发展和农民对田地的改造不少田埂被拆掉，小块土地连成大片使重新丈量土地时耕地面积会有少量增加。武汉市的耕地面积先减少主要是国民经济建设作用的结果，武汉市近十年来经济高速发展、城镇化率不断增加以及交通的迅猛发展，导致不少耕地被转化为建设用地，建设用地包括居民点用地、交通用地和工业用地。而武汉市耕地面积近年来趋于稳定主要得益于对耕地的各种保护政策，武汉市越来越重视耕地的保护，严格耕地保护执法，严格按照土地利用总体规划确定土地用途和土地利用计划安排使用土地，控制占用农用地特别是耕地，执行城市用地规模审核制度，控制城镇用地规模以保证耕地数量的稳定。鄂州、潜江、天门等市耕地面积基本保持不变，是其国民经济发展的反向作用与耕地保护政策以及土地利用技术的进步的正向作用相互作用的结果，即耕地利用转型的同时也有因为加大了未利用地的开发而增加的耕地。黄冈市耕地面积先上升后趋于平稳的原因可能是其加大未利用地的开发同时注重耕地保护，而其国民经济发展和城市化进程不及武汉市迅速。孝感市和咸宁市耕地面积上升既有耕地面积测量变化的影响，也有开荒和被占用耕地还原成耕地等耕地保护措施的影响，当然其国民经济发展和城市化也会减少耕地的面积，但其影响不及前述正向影响的作用。

此外，通过实地调查我们也发现，武汉城市圈土地利用存在以下问题：①随着技术的进步及相关政策的影响约束，武汉城市圈总体的土地利用水平在不断提高，但一些行业和地区无序开发和粗放用地的现象仍然较为严重，比如有的地区或行业过多地征地、圈地，盲目兴建开发区等；②虽然武汉城市圈有相关的政策支持，但城市在产业发展上仍然存在着雷同建设、恶性竞争等局面，并没有真正形成统一有机的城市圈整体；③在农村土地利用方面，农村居民住宅布局混乱且土地利用率低下，各种化学生物物质所引起的土地污染日益严重；④工业废弃物的排放、有机物的污染使局部地区土地生态环境呈现出不断恶化的趋势，土地的景观生态功能遭到破坏；⑤由于农业劳动力以当地非农业就业和就近城镇转移为主，农村人口不断减少，而农村人口人均用地规模却在持续增大，并未实现农村人口转移与农村居民点减少相挂钩；⑥农村宅基地超标占用土地、非法占用耕地的现象非常严重。

3.1.2 武汉城市圈土地利用转型的驱动力

土地利用转型社会效益评价涉及的影响因素众多，不同区域不同阶段的土地利用转型影响因素也会不同，因此需要在分析土地利用转型现状的基础上进一步分析武汉城市圈土地利用转型的驱动力，以启示土地利用转型社会效益影响分析。武汉城市圈土地利用转型驱动力可以从城镇化作用、农业现代化、城市间相互作用、政策因素这四个方面来分析。

（1）城镇化作用。城镇化是城市向乡村的渗透过程，是人口由农村转移到城镇的同时伴有产业的迁移、景观的改变和城市意识的扩散。城镇化一方面吸引大量的农村劳动力进入城镇；另一方面加强城乡联系，城乡互动进一步加强。城市郊区的城镇化无疑会对社会经济、自然等方面产生影响，其中首当其冲的是土地。城镇化一般会对郊区的土地利用变化产生推动作用，土地的利用类型很可能会因此改变。但是，土地在改变利用类型时也因受到原土地利用类型的影响而存在转型的阻力。城市郊区的城镇化对土地利用转型的作用既有城市空间扩散所带来的郊区化，也有乡村受到城市扩张影响自发调整土地利用方式，而前者是大城市郊区土地利用转型的主要驱动因素，它会促使城市居民、产业向郊区迁移，这会影响城市郊区土地利用的结构和效益。城镇化推动土地利用转型的作用机理如图 3.2 所示。

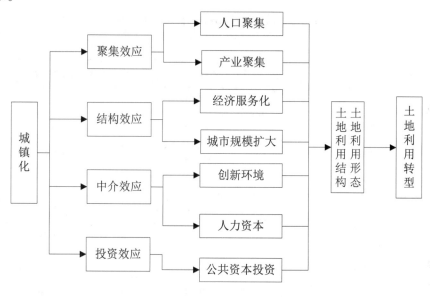

图 3.2　城镇化推动土地利用转型的作用机理

武汉城市圈自 20 世纪 90 年代以来进入快速发展时期，城镇化进程迅速，尤其是自获批"两型社会"试验区以后其城镇化发展更是成效明显，这对城市圈内的土地利用转型产生了推动作用。表 3.3 是近年来武汉城市圈各城市的城镇化水平，从表中可以看出武汉城市圈及圈域内各城市的城镇化水平增速明显。武汉城市圈 2014 年的城镇化水平为 59.9%，相比于 2007 年 46.8% 的城镇化水平提高了 13.1 个百分点，比全国平均水平高出 5.1 个百分点。国际上一般将城镇化进程分为 3 个阶段：30% 以下的城镇化率为初级阶段；30%~70% 的城镇化率为中级阶段，70% 以上的城镇化率为高级阶段。根据此划分标准和表 3.3，当前武汉城市圈处于中级城镇化阶段，其中武汉市进入城镇化高级阶段，其他城市处于中级阶段。这种城镇化推动土地利用转型的作用机理是，城镇化使土地利用开发程度高于其他乡村地区，已有部分土地转变为城市建设用地，乡村受到城市扩张的影响，经济开始活跃，依靠城市市场，各种商业生产、服务活动增加。在此背景下，土地拥有者开始考虑改变土地用途，以获得更高的收益。城市郊区的土地利用转型与郊区经济基础也有密切关系。优越的地理区位、优美的环境条件、价格低廉的土地、便利的交通，这些因素都对城市人口和产业产生吸引力，促使乡村土地自发地进行转型。

表3.3　武汉城市圈各城市城镇化水平

单位：%

城市	2012 年	2014 年
武汉	67.54	79.36
黄石	59.50	60.55
鄂州	60.38	63.58
孝感	49.67	52.25
黄冈	39.36	42.10
咸宁	46.35	48.68
仙桃	51.11	53.25
潜江	50.04	52.20
天门	47.04	49.23

　　（2）农业现代化。农业现代化是指运用科学管理和现代化技术提高农业生产力从而提高农业水平。城市郊区的农业现代化主要是通过都市农业来呈现，它受到城市扩张的影响，位于城市内部而与城市深度融合，服务于城市的同时依托于城市的资金和物资投入。除此之外，都市农业需要与其他产业相互联结融合，具有较长的产业链条、高附加值以及高商品率。都市农业按照提供的产品分为三类：一是利用现代科学技术生产出满足农产品消费需求的产品型农业；二是利用农业的自然属性满足市民休闲、观光、旅游等需求的服务型农业，如旅游农业、观光农业、休闲农业等；三是综合上述两种类型的综合型农业。城市郊区的现代化农

业是处于城乡过渡区域服务于城市的农业，它可以利用城市的资本、管理经验和先进技术等优越条件改善农业技术，提高农业产量和效益。服务型农业主要是在服务产品上提高附加值，如提高产品的多样化和服务质量以吸引消费者，同时带动农产品的销售。

不难看出，城市郊区的农业现代化是一种隐性的土地利用转型，它没有改变土地的利用类型，而是一种通过提高单位土地面积的利用效率和产出值来实现的土地利用转型。这种土地利用转型在视觉上不像农改非形式有明显的冲击，但这种土地利用转型通过合理的使用方式提高了土地的利用效率。

近年来，武汉城市圈围绕现代农业建设不断改革创新，转变农业发展方式，主要表现在以下六个方面：一是提高农业可持续发展能力，如提高圈域种植业播种面积、提高农业科技对农业增长贡献率、扶持培养农业龙头企业等；二是发展节约型农业，如推广测土配方施肥、推广使用有机肥、推广农作物病虫机械综合防治、减少农药化肥用量、推广农作物轻简化栽培面积、提高农作物间作套种面积等；三是发展循环农业，如推广以"畜禽—沼气—鱼（菜、稻、果、茶）"为重点的种养循环模式，提高以食用菌为纽带的农业废弃物循环利用生产面积，推广以动植物互利共生为纽带的种养结合模式等；四是发展生态农业，如增加公路林带、增加农田林网和水库、提高湖岸林网的绿化率，提高森林覆盖率，建设生态示范区和乡村休闲旅游专业村等；五是农业发展方式的转型，圈内农产品质量安全检测合格率显著提高，特色种植业、高效水产业、高效畜牧业、生态林果业产值占农业总产值的比值高达 60% 以上，水产、畜牧业设施化水平逐年提高，中心城区逐步退出畜牧业，主要湖泊逐步退出珍珠养殖和围栏网养殖等；六是圈内农业合作不断加强，如鄂州市的优质农产品基地建设、蔬菜购销合作和畜产品加工项目，孝感市的优质稻购销合作项目、粮食加工工艺引进项目和水禽产业化项目，咸宁市的鲜食籽莲深加工订单收购项目、康誉食品工业园和专业水产批发市场建设项目，黄石市的农产品购销项目，潜江市的带壳莲子深加工项目和废弃虾壳提取氨盐与虾鱼加工资源综合利用改扩建项目等。

（3）城市间相互作用。武汉城市圈作为城市群具备城市群的一般特征，即城市圈域内各城市之间有一种综合经济联系，会产生相互作用。这种相互作用主要表现在人口、信息、能量、物质、知识、经济等要素流在城市间的双向或多向流动。城市圈内城市间的相互作用会对土地利用转型产生驱动作用，尤其是对城镇用地的扩张产生推动作用。城市圈内城市间的相互作用具有明显的空间指向性及一定的路径依赖性，即对某单个圈内城市作用强度较大的城市往往是其邻近的且可达性较好的城市，且这种作用会存在于一定的时期内，其作用路径也和往期的作用路径相关甚至沿着往期的作用路径。当城市间相互作用的条件（如城市的通达性）发生显著变化时，城市间相互作用的空间格局也会随之发生变化。

武汉城市圈内城市间的相互作用与城镇用地的扩张相关，城镇用地扩张促使圈域的土地利用转型。如 2000—2010 年，武汉、黄冈、黄石、天门、咸宁等城市随着与其他城市的相互作用的加强，城镇用地规模逐渐增加，这种相互作用的加强很大程度上是由于被作用城市吸引了周边城市大量的人力、物力、财力等而加速了自身的城市化进程。当然，在城市圈内也有城市随着与其他城市间的相互作用的增加而导致城镇用地规模增加的趋势减缓，其原因可能是城市间的相互作用使区域的城镇用地扩张需求在各城镇间得到了更高效的配置，促进了城镇用地的集约利用，从而在一定程度上减缓了城镇用地的扩张趋势。

（4）政策因素。土地政策是为了合理、有效地利用土地资源，根据法律规定调整土地利用方向、利用方式、利用结构和利用强度所采取的综合手段，具有行政性、经济性、技术性，通过限制和引导人们的土地利用行为保证土地得到合理利用。土地政策的影响主要在土地投资力度、土地质量维持和土地保护程度这三个方面。例如，实行土地承包制，在第一轮承包期中，由于实行土地使用权 3 年或 5 年一变，承包期较短，造成土地经营的短期行为，形成了只重产出、不重投入的局面，结果使土地肥力下降，损害了土地可持续利用性。改革开放政策促使东南沿海沿江地区经济高速发展，也驱动了这些地区土地利用激烈转换。基本农田保护制度、耕地保护政策有效地遏制了耕地向建设用地无序转换，土地开发整理政策促使耕地增加。国务院在 1998 年 12 月 27 日发布的《基本农田保护条例》从政策上驱动了土地利用类型的变化。

国家政策在武汉城市圈土地利用转型中的驱动作用主要表现在以下三点：一是以武汉为首的多个城市的工业均发端于重工业，钢铁、化工等仍是武汉、黄石等地的主导产业，国家对重工业的政策偏向影响着区域用地结构；二是国家根据区域土地利用结构的变化对粮食安全、经济发展和生态安全的影响强弱制定了相应的政策；三是与"长三角"和"珠三角"相比，武汉城市圈经济发展水平和城市化水平均较低，城市空间发展方向以及城市用地空间的变动无法仅仅依靠自身的经济推动来完成，政府政策的引导和推动仍然是区域用地结构演变的主要动力。举例来说，国家于 1999 年实施退耕还林政策，2000 年湖北省正式推行该政策，此政策对耕地和林地的转换有重要作用。国家发改委 2007 年 12 月 14 日公布的"两型社会"第四批试验区（武汉城市圈和湖南省长株潭城市群）也对武汉城市圈的土地利用转型产生了驱动作用，不少农用地转为建设用地。

此外，圈域内各城市的土地利用政策也会对其土地利用转型产生驱动作用。如武汉市依据土地利用规划实际划定基本农田 322 566 公顷，涉及 106 个乡镇，10 884 个保护地块，建立了 1 730 个标志牌，逐级签订了保护责任书，这种基本农田保护政策会对农用地的显性转型产生反向的驱动作用，也会对未利用地的开发产生推动作用。为推进土地利用方式转变，解决园区部分土地利用闲置和低效问题，咸宁市制定了中心城区节约集约用地的相关政策，并于 2015 年 5 月 10 日邀请了咸宁高新区 100 多名企业家，咸安区温泉、永安、浮山办事处及所辖区域 39 个村 180 多名相关负责人参加了针对此政策科学制定与有效实施举办的培训班。《黄冈市人民政府关于进一步加强土地市场管理的决定》指出，加大土地收购储备力度，凡商业、旅游、娱乐和房地产等经营性用地，由国有土地储备中心收购储备，规划、国土资源部门不得先确定用地对象。

3.2 武汉城市圈土地利用转型抽样调查

3.2.1 调查样本的选取

本研究涉及的调查区域位于武汉城市圈内，调查样本的选择主要采用"市—县（乡镇、办事处）—村—农户"四层分层抽样法。

对于"调查市"的选择，主要结合城市社会、经济、区域等多个因素进行考量，选择区域具有一定的代表性或与其他地区具备相似性。武汉城市圈包括黄石市（大冶市、阳新县）、鄂州市、孝感市（应城市、安陆市、汉川市、孝昌县、大悟县、云梦县）、黄冈市（黄州区、麻城市、武穴市、团风县、红安县、罗田县、英山县、浠水县、蕲春县、黄梅县、龙感湖区）、咸宁市（赤壁市、嘉鱼县、通城县、崇阳县、通山县）、仙桃市、潜江市和天门市。在城市经济方面，从主要经济指标和增速上进行分析，2014 年武汉城市圈主要经济指标如表 3.4 所示，各城市地区生产总值增速可以由图 3.3 看出。结合区域土地情况（如上节武汉城市圈概况分析中的土地数量、土地质量以及土地利用等分析）可知，武汉城市圈中武汉市与其他城市相似度低，故单独选取，而鄂州市与潜江市、仙桃市具有一定的相似性，黄冈市与孝感市、黄石市具有一定的相似性，咸宁市与天门市具有一定的相似性，故选取武汉市、鄂州市、黄冈市、咸宁市作为"调查市"。

表3.4 2014年武汉城市圈主要经济指标

市域	土地面积（平方千米）	地区生产总值（亿元）	常住人口（万人）	全社会固定资产投资（亿元）	社会消费品零售总额（亿元）	城镇居民人均可支配收入（元）	农村居民人均可支配收入（元）	人均地区生产总值（元）
武汉	8 494	10 069.48	1 033.80	7 002.85	4 369.32	33 270	16 160	98 000
黄石	4 583	1 218.56	244.92	1 168.46	519.70	25 208	10 957	49 796
鄂州	1 594	686.64	105.88	698.04	230.28	22 763	12 692	64 851
孝感	8 910	1 354.72	486.13	1 536.96	689.33	22 912	11 597	27 891
黄冈	17 446	1 477.15	626.25	1 717.39	715.65	23 242	9 388	23 128
咸宁	9 861	964.25	248.92	1 170.85	361.77	23 758	10 891	38 770
仙桃	2 538	552.27	116.60	384.55	233.58	22 503	13 193	46 984
潜江	2 004	540.22	95.44	372.25	150.19	22 609	12 862	56 662
天门	2 622	401.86	129.16	330.65	231.05	20 622	12 086	31 145
合计	58 052	17 265.15	3 088.99	14 149.22	7 456.62	27 264	10 093	56 047
湖北省	185 900	27 379.22	5 816.00	25 001.77	12 449.3	24 852	10 849	47 124
占湖北省比例（%）	31.23	63.06	53.11	56.59	59.90	—	—	—

资料来源：2015年湖北省统计年鉴。

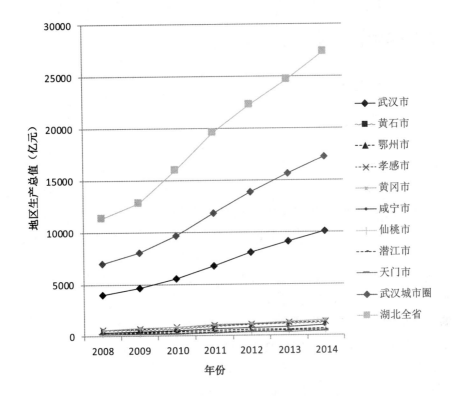

图 3.3 2008—2014 年武汉城市圈各城市地区生产总值

资料来源：湖北省统计年鉴 (2009—2015)。

  "调查县（乡镇）"根据"调查市"市内的乡镇位置情况、经济社会发展状况等因素综合选择。武汉市选取了江夏区，鄂州市选取了碧石镇和泽林镇，黄冈市选取了红安县，咸宁市选取了通山县和赤壁市作为"调查县（乡镇）"。

  对于"调查村"的选择，主要是根据乡镇内村庄的位置分布情况和调查的便利性来选择。武汉市江夏区选取的村庄为郑店村，鄂州市碧石镇选取的村庄为虹桥村和金盆村，泽林镇选取的村庄为塔桥村和泽林村，黄冈市红安县选取的村庄为火连畈村和何家拢村，咸宁市通山县选取的村庄为宝石村，赤壁市选取的村庄为莲花塘村。

  综上，武汉城市圈调查样本涉及 4 个市（武汉市、鄂州市、黄冈市和咸宁市）、6 个县/乡镇（江夏区、碧石镇、泽林镇、红安县、通山县、赤壁市）和 9 个村（郑店、虹桥村、金盆村、塔桥村、泽林村、火连畈村、何家拢村、宝石村、莲花塘村）。

3.2.2 问卷设计与方法

3.2.2.1 问卷设计

本研究问卷设计遵循三大原则：功能性、可靠性和效率。功能性即满足调查需求，问卷内容与调查所希望了解的内容一致，本书通过预调查来实现。可靠性原则指问卷应尽量减少调查者、被调查者和调查环境对数据质量的影响，保持数据在一定条件下的稳定性，因此问卷的预调查需要覆盖不同特征和不同地区的农户。效率原则是指问卷的问题设计应选择最简捷的询问方式，控制问卷的长度、题量和难度，本书调查尽量采用封闭式提问，且内容控制在被调查者20分钟内能回答完毕。

在参阅了国内外大量土地利用转型相关文献后，首先拟订调查方案、确定调查所需的相关问题，进而形成了问卷的初稿。在正式定稿前，与专家老师、研究区域村干部等相关人员进行沟通交流，征求他们的意见和建议，并前往郑店村等村庄向农户进行预调研，根据反馈结果对问卷进行分析和修正，并形成终稿。本研究调查问卷的问题设置采用预调查和调查两阶段。在调查问卷内容的设计上，根据研究的需要，在调查区内选取不同的目标群体中的成员，涵盖从年龄、性别、身份等个性属性，进行农户预调查；对问卷涉及的问题进行反复询问、分析和整理，逐步调整问卷内容和选项，使调查的问题全面、简洁、明确、易懂。

本调查采用封闭式问卷和深度访谈相结合的形式，为了更好地适应农户文化素质差异较大的特点，设计以选择性问题为主的问卷，在调查中由调查员代为填写，问卷由基本情况、生产经营情况、外部因素及心理特征这三个板块构成。

第一版块是农户基本情况调查。调查内容主要包括农户个人特征，如学历、身份、年龄等。第二版块为生产经营情况调查。调查内容主要包括农户家庭人口结构特征、农户家庭收入结构特征、农户对土地利用转型的基本认知情况等。第三版块为外部因素及心理特征调查，该部分重点就农户对土地利用转型的态度、意愿、评价、期望等方面进行调查。问卷各版块问题设置分析如下：

（1）影响农户参与土地利用转型的理论假设。研究市场经济条件下农户参与土地利用转型的动机和土地利用转型发展的内在机理，西方新制度经济学提供了很好的分析工具。新制度经济学关于制度变迁与创新理论研究的基本框架是：制度变迁是制度的替代、转换与交易的过程，即一种效益更高的制度对于另一种制度的替代过程。制度变迁的内在动因是主体期望获取最大的"潜在利润"，制度创新的条件是制度创新可能获取的潜在利润大于为获取利润而支付的成本。

借鉴新制度经济学的基本理论，本书假定：a. 农民参与土地利用转型是农户根据外部环境（经济结构、农产品与生产资料价格改变、制度安排、社会保障制度和用地规划等因素）和内部环境（土地、劳动力、资本、技术等生产要素）的变化所采取的有目的的活动，它是农户微观经济活动和宏观社会经济环境因素综合作用下的一种复杂的经济行为。b. 家庭承包制下的农户是理性经济人，他们的选择是理性的，在面临选择机会时，根据一定的环境约束条件，农户在经济活动中总是以追求自身利益最大化为基本目标。农户参与土地利用转型的大部分动力来自参与转型能够获得的收益。参与土地利用转型获得的收益可能来自多方面，包括非农业生产、非农就业、政府补贴资金或者其他相关企业的补贴收入等。当然，参与土地利用转型也需要付出一定成本，包括放弃原有农业生产可能获得的收入，改变生产经营方式所带来的其他成本，而且这样的成本很可能不仅仅体现在经济方面。根据制度经济学成本收益分析法，参与者最终的决策是在给定的约束条件下对于各种组织与制度进行成本与收益比较后所进行的最优选择。农户也只有在参与土地利用转型所带来的收益大于成本时才会有动因参与土地利用转型，并对土地利用转型政策、成效和社会效益给出正面的评价结果。

农户对土地利用转型的评价结果很大程度上取决于其参与土地利用转型的意愿，即受到外部环境和内部环境多方面因素的共同作用。有哪些因素在多大程度上影响了农户对土地利用转型的社会效益评价是我们接下来的研究内容。

（2）土地利用转型评价结果影响因素的理论假设。本书结合了文献资料法实地访谈预调查方法和专家访问法确定最终的影响指标。

首先根据之前的文献综述，本着全面性的原则初步选择了一定数量的指标。完整选取了大量指标作为影响因素后，预先对调查区域的资深农户、村干部进行了详细采访，并对研究区域的部分农户通过问卷形式进行了预调查。预调查的统计结果表明部分影响因素之间完全相关或者相关性较强，并且部分影响因素代表性不够，或与土地利用转型评价结果的相关性较弱。然后根据预调查的结果，剔除了一些多余的影响因素，从中选取了一些具有代表性的影响因素，精简了本书的影响因素体系。每个被选取的因素对土地利用转型政策和成效评价结果的影响分析将在后面进行深入探讨。

本书是从农户的视角研究土地利用转型社会效益评价，农户是研究主体，那么本书选取的影响因素会偏向于微观层面，侧重于研究与农户个体相关性比较高的影响因素，包括能对农户主观感受造成一定影响的因素。

本书将影响农户对土地利用转型政策评价和成效评价的因素分为三类：第一类是农户的个人特征；第二类是农户的家庭生产经营情况；第三类是外部及心理

的影响因素。每一类影响因素具体的指标选择过程和结果接下来分别进行介绍。

①文献资料法。本书先梳理相关领域的学者观点，作为影响因素指标体系的选择依据，影响因素选取分为三部分进行总结。

a. 个人特征。参与土地利用转型的主体是农户，因此农户的个人特征是影响政策评价、成效评价和社会效益评价一类重要的影响因素。具体而言，对土地利用转型的态度与个人特征（性别、年龄等）的不同有一定的相关性。

总结相关领域的研究成果，与个人特征相关的影响因素指标主要有：农户年龄，农户性别，婚姻状况，农户文化程度，务农时间，农户主要从事的职业，是否为村干部，是否加入了农民专业合作社，是否掌握有特殊技艺，自身务农意愿。因此，在预调查之前，我们初步选取以上 10 个指标作为个人特征方面的影响因素。

b. 生产经营情况。生产经营情况包括农户家庭农业劳动力人数、农业收入与非农业收入等因素。综合来说，生产经营情况反映的是农户家庭对土地的依赖性，对传统农业生产方式的依赖性。土地利用转型政策和成效评价结果与这一部分影响因素是割裂不开的。

综合相关领域的文献资料，归纳出与生产经营情况相关的影响因素，主要有：家庭耕地面积，家庭总土地面积，家庭人均土地面积，是否有抛荒土地，家庭总人口，家庭劳动力人数，家庭兼业人数，农用机械的数量，未归还贷款的数量，家庭总收入，农业收入，除农业外经营收入，每亩土地的年收益。预调查之前，初步选定以上所列 13 个指标作为家庭生产经营情况方面的影响因素。

c. 外部及心理因素。外部及心理因素这一部分影响因素侧重于分析政府及相关部门出台的一系列政策的宣传效果和执行力度，还有这些政策对农户主观态度和行为的影响以及农户个人的一些心理因素对其行为的影响。

通过研阅相关文献，总结出该类影响因素中能对土地利用转型认知造成影响的主要包括农产品价格，农资价格，物价水平，是否认为房地产价格过高，对土地征用的预期，是否参加过相关培训，是否有养老保险，对社会保障制度的认知水平，是否看到过相关政策宣传，对土地利用转型中政府或相关部门的补贴制度是否满意，是否有迁移至城市生活的意愿，是否愿意退出土地承包经营。因此，预调查之前，初步选取以上列出的 12 个外部及心理因素方面的指标进行探讨。

②实地预调查筛选指标。初步选取了 35 个影响因素以后，首先删除一些明显存在重复的因素以及某些可以通过其他指标计算得到的指标。例如，生产经营情况中的家庭人均土地数量，完全可以通过家庭总土地面积和家庭总人口数量计算出来，故对家庭人均土地数量指标予以剔除处理。

初步剔除一些重复性指标后，又对调查区域的资深农户和村干部进行了详细采访，他们根据本村实际情况提出意见，比如有些指标可能对土地利用转型社会效益评价的影响不显著，我们对访谈结果进行了记录，然后结合问卷预调查的结果一起对指标进行筛选。

将初步筛选过后的指标制成问卷发放给一定数量的农户进行预调查，问卷回收后对结果进行统计分析。用"对土地利用转型的成效评价结果"作为因变量，分别对个人特征的影响因素、生产经营情况的影响因素、外部及心理因素进行Logistic 回归。

本书选取了 35 个指标揭示可能会影响农户对土地利用转型认知的因素，这虽然可使分析更加全面，但容易产生多重共线性问题，使分析结果出现误差甚至失真。本书采用容忍度和方差膨胀因子（VIF）检验自变量间的多重共线性是否存在。一般来说，容忍度越小，多重共线性越严重，当容忍度小于 0.1 时，存在严重的多重共线性；VIF 越大，多重共线性问题越大，当 VIF>10 时，存在较严重的多重共线性。

对个人特征的影响因素进行回归时，容忍度为 0.052，方差膨胀因子 VIF 为19.23，结果显示个人特征的影响因素间存在较严重的多重共线性，即变量间相关程度较高。有些变量的统计结果不显著，并且之前与部分代表性农户的访谈结果显示有些变量对土地利用转型认知的影响不显著。如果某些变量不仅统计上不显著，并且访谈结果亦不支持，那么将对这些变量予以剔除处理，比如是否掌握特殊技艺。另外由于存在多重共线性，对其中一些相关性较强的同类变量进行筛选，比如相关性分析统计结果显示务农时间与农户年龄相关性程度极高，因此剔除影响力较弱的务农时间变量。经过以上过程，最终个人特征方面的影响因素选取了性别、农户年龄、学历、是否为村干部、是否为农民专业合作社成员 5 个指标。

对生产经营情况方面的影响因素进行回归时，容忍度为 0.065，方差膨胀因子VIF 为 15.38，表明生产经营情况方面的影响因素间存在较强的多重共线性。与以上过程相同，先剔除统计上不显著、访谈结果不支持的变量，如未归还贷款的数量，家庭总土地面积，家庭兼业人数。然后根据变量间的相关系数分析筛选部分相关性较强的同类变量，最终生产经营情况方面选取的影响因素包括家庭从事农业生产人口数量，是否有抛荒土地，每亩土地的年收益和家庭除农业外经营收入4 个指标。

对外部及心理因素方面的变量进行回归分析结果显示，容忍度为 0.039，方差膨胀因子 VIF 为 25.64，表明外部及心理因素方面的影响因素存在严重多重共线性。同上先剔除统计上不显著、访谈结果不支持的变量，如农产品价格，农资价格，物价水平，是否认为房地产价格过高，对土地征用的预期。再通过相关系数分析将其中相关性较强的变量予以筛选，最终选取是否参加过相关培训，是否看到过相关政策宣传，是否有迁移至城市生活的意愿和是否愿意退出土地承包经营4个指标进入模型进行分析。

筛选出以上这些指标以后，再结合专家的意见制成一份问卷。不仅考虑了指标的完整性与代表性，也提高了问卷调查的可操作性以及结果的可靠性。

③变量解释和预期假设。针对以上所选择的3类共13个指标，分别做出如下解释及预期。

a.个人特征。性别方面，一般来说，女性对新生事物的态度较男性普遍偏保守。

不同年龄阶段的农户，其生理、心理和社会差异的存在，导致了其思维逻辑和行事方式有所差别。年龄越大的农户从事农业生产活动的经验越丰富，对传统生产生活的依赖性强，并且受到历史观念的影响可能更愿意坚持传统，比较守旧。但年龄较大的农户受到身体素质和精力下降的限制，继续坚持原有农业生产经营活动的意愿可能会降低。因此，很难判断年龄与土地利用转型评价结果之间的关系。

关于学历，一般情况下，农户学历越高，受教育程度越高，思想越开放，对新生事物越容易持有开放包容的态度。对土地的依赖性越低，有更多机会从事非农业生产活动，参与土地利用转型的积极性会提高。

是否为村干部这个变量，对土地利用转型的评价结果而言，也是一个重要的影响因素。村干部作为一个群体中的带头人，在群体中具有一定的影响力，其行为态度必然会对其他农户造成影响。而村干部作为广大农户与上一级或者其他团体沟通的桥梁，该类农户会更早接触新政策，对政策的理解也会比较深刻，并且其参与土地利用转型的积极性会更高，对土地利用转型的结果倾向于作出正面评价。

身为农民专业合作社成员的农户往往思想比较开放，积极参与土地流转，变更传统农业生产经营方式，对土地利用转型的效益评价结果可能较其他农户有一定差别。未加入专业合作社的农户，耕地地块小而破碎，达不到规模经济效益，土地利用效率较低，在了解相关政策后，可能对土地利用转型持积极态度。因此初步看来，农户是否加入农民专业合作社与对土地利用转型的态度之间的影响关系很难确定正向还是负向，需要进行进一步分析。

b.生产经营情况。家庭中从事农业劳动的人数较多意味着该户家庭对土地的依赖性较强，尤其倾向于维持现有的农业生产经营方式，对土地利用转型政策比较不容易响应。

家中是否有抛荒土地表示家中是否存在具有耕作价值却未被耕种的土地。如果有抛荒土地，意味着该户家庭碍于劳动力缺乏，或者农业收入太低等其他原因不愿对抛荒土地进行耕种，那么土地利用转型对该农户而言不失为一个好的选择，其对土地利用转型政策的反应可能会有别于其他农户。

家中每亩土地的年收益反映出农户通过农业生产挣钱的能力，也从另一层面反映出其投入农业生产的精力。家中每亩土地的年收益越高的农户，对土地的依赖性越强，参与土地利用转型的积极性有限。

家中除农业外经营年收入指的是该农户家庭的非农收入。非农收入越高的农户，对土地依赖性越弱，对农地生产经营方式的改变越不敏感，相对而言，对土地利用转型越容易给出正面的反馈。农业收入越高的农户，往往拥有越好的农业生产项目，可以从土地上获得较高的经济收益，那么参与土地利用转型的机会成本会比其他农户高，不容易响应土地利用转型。

c.外部及心理因素。是否参加过相关培训体现为上级政府或相关部门是否对农户积极进行关于"土地利用转型"的业务培训，是一种政策扶持，参与过相关培训必然能加深对土地利用转型政策的理解，与农户对土地利用转型的评价结果有一定的相关性。

是否在新闻媒体看到过相关政策宣传，体现为关于"土地利用转型"的政策宣传和整个社会氛围的营造上。新闻媒体政策宣传有利于增强农户对相关政策的了解，增强农户参与土地利用转型的积极性。

是否有迁移至城市生活的意愿也是一个重要的影响因素。愿意迁移至城市生活的农户一般可以通过非农业生产活动获得可观的收入，或者有一定的生活保障，如医疗与养老、失业保障等，总之就是对土地的依赖性很弱。

是否愿意退出土地承包经营权，体现为对生态环境的依赖性，愿意退出土地承包经营权的农户往往是自身对农业生产失去信心，没有好的农业生产项目，或者农民进城落户，无暇顾及土地及农业生产。而无论如何不愿退出土地承包经营的农户，对土地的依赖性极强，对土地利用转型的态度可能会比较消极。

3.2.2.2 调查方法

本书采用分段调查方法和分层抽样，第一次在2015年3—4月，此次调查主要是预调查，在武汉城市圈内小范围针对调查内容、调查对象和相应的调查方法进行实验性的选择与调整。第二次调查在2015年6—7月，在调查过程中，为了保证调查资料和数据的时效性，根据安排，并结合第一次调查情况，调查组不间断地到武汉市、鄂州市、黄冈市等地进行实地调查。在调查时，首先拟定样本村，采取入户调查的方法，调查人员进村入户，请农户逐一回答试卷问题。在调查过程中，调查人员除了协助农户完成调查问卷，还采取入户访谈或随机访谈，如选择吃饭时间或傍晚去人群集中的地方座谈。通过交流进一步消除了被调查农户的顾虑，确保了调查的顺利实施和调查信息的有效性。

3.2.3 问卷信度与效度分析

（1）问卷收集情况。在完成调查后，对调查问卷进行了初步统计、分析，对回收的问卷进行了初步判断，剔除了无效问卷，并将有效问卷进行结果录入和数据初步处理。第一期的调查主要是对调查对象选择、问卷内容以及调查方法的初步确定进行预调查，通过初步调查，进一步完善调查问卷的内容、对象和方法；在第二期调查比较全面地收集被调查区域的数据和资料。此次调查共发放问卷580份，问卷回收580份，其中有效问卷501份，占问卷的86.38%，符合研究的要求。其中，武汉市发放问卷90份，回收问卷中有效问卷为84份；鄂州市发放问卷200份，回收问卷中有效问卷172份；黄冈市发放问卷150份，回收问卷中有效问卷132份；咸宁市发放问卷140份，回收问卷中有效问卷113份。各市发放问卷与问卷回收情况汇总如表3.5所示。

表3.5 调查区域问卷发放与问卷回收情况汇总表

调查市	调查县（乡镇）	调查村	发放和回收问卷数	有效问卷数
武汉市	江夏区	郑店	90	84
鄂州市	碧石镇	虹桥村	50	44
		金盆村	50	44
鄂州市	泽林镇	塔桥村	50	41
		泽林村	50	43
黄冈市	红安县	火连畈村	75	67
		何家拢村	75	65
咸宁市	通山县	宝石村	70	56
	赤壁市	莲花塘村	70	57
合计	6	9	580	501

资料来源：数据来源于问卷的收集整理。

2. 问卷的信效度检验

本书涉及自编问卷，调查问卷作为一种测量工具，主要用于测量事物或现象的某些特征。编制的调查问卷能否反映被调查的问题、是否具有较高的研究价值，在利用调查问卷的数据前，可以通过对问卷的信度和效度进行检验来判断。问卷的信效度检验有助于本研究得到较高质量的调查数据，保障调查问卷的质量。

信度是对问卷设计质量的可靠性、稳定性、一致性的检验评价，常用相关系数来检验，相关系数大致可分为三类：稳定系数、等值系数和内在一致性系数。对问卷设计质量的信度检验常用方法有重测信度、复本信度、折半信度、克朗巴哈信度、评分者信度等，其中克朗巴哈信度是比较流行的信度检验方法，克朗巴哈系数是测量信度最常用的系数。根据 Cronbach 公式计算的克朗巴哈系数值 α 在 0 和 1 之间，值域区间如表 3.6 所示。

表3.6　Cronbach's α值域区间表

区间值	$0 \leqslant \alpha < 0.6$	$0.6 \leqslant \alpha < 0.8$	$0.8 \leqslant \alpha \leqslant 1$
相关性	较差	较好	非常好

效度是指有效性，即测量的有效程度或测量的准确性，通过测量工具或手段反映实际测量结果与预期结果的符合程度。效度与信度一样是问卷量表准确性和有效性检验的重要指标，常见的效度检验指标包括内容效度、结构效度、区分效度。内容效度是所设定问题与测量内容的符合程度，是一个主观指标，通常以专家打分进行比较，常采用内容度比来衡量。结构效度是表明设定问题与测量领域的相关程度，通常可以采用相关分析、因子分析和结构方程模型来评价。区分效度也叫判别效度或辨别效度，表示不同量表的测量结果之间的相关性，不同特质的测量结果相关性较低，同一特质的测量结果相关性较高。

本书信度分析采用内部一致性信度分析的方法，考察的是问卷内部所有题目的一致性，通过 Cronbach's α 值衡量，此项指标是各项变异系数之和与整分量表的变异系数之和的比值。α 值越高表示信度越高，各题之间具有越高的一致性，α 值的最低标准为 0.6，若低于 0.6，则表明需要借助修改问卷题目来提高信度。效度分析采用常规的分析方法——Kaiser-Meyer-Olkin (KMO) 检验和 Bartlett 球形检验，KMO 值越大表明题项间的共同因素越多。问卷一共分为五个部分，分别对五个部分和整体的信效度进行检验，结果如表 3.7 所示。表中关于部分量表和整体量表的 Cronbach's α 值皆大于 0.6，根据 Cronbach's α 值域区间可知调查问卷内部问题相关性较好，所以不需要再对问卷题目进行处理。KMO 的值大于最低标准 0.6，并且 Bartlett 检验对应的 p 值均显著，所以可以认为每一部分的量表与整体量表都有满意的信效度。

表3.7　问卷的信效度分析

	部分量表的 Cronbach's α 值	整体量表的 Cronbach's α 值	部分量表的 KMO	整体量表的 KMO	部分量表的 Bartlett	整体量表的 Bartlett
个人特征	0.849		0.778		138.285 0.000	
生产经营情况	0.648		0.581		61.190 0.000	
外部因素及心理特征	0.677	0.750	0.596	0.692	69.968 0.000	11 509.280 0.000
态度与意愿	0.717		0.660		1 238.618 0.000	
评价与期望	0.776		0.784		6 417.092 0.000	

3.3 问卷初步分析

研究对象的基本信息包括被调查农户的基本信息和农户家庭的基本信息。通过基本信息分析为实证分析奠定基础，本书对被调查农户的基本信息的统计汇总如表 3.8 所示。

受访的 501 人中，男性为 264 人，女性 237 人，所占比例接近 1∶1，其中年龄小于 18 岁的只有 3 人，18～24 岁的有 54 人，25～34 岁的有 60 人，35～44 岁的人数最多，有 180 人，45～60 岁的农户，有 153 人，年龄超过 60 岁的受访农户有 51 人。小学及以下学历的有 135 人，占比 26.9%，初中学历的有 162 人，占比 32.3%，高中及以上学历的有 204 人，占比 40.7%。是村干部的农户为 48 人，占比 9.6%，是合作社成员的农户为 60 人，占比 12%。家中从事农业劳动的人数为 2 人的受访农户最多，占比 47.3%，其次是只有 1 人从事农业劳动的，占比为 29.3%。家中有抛荒土地的受访农户为 156 人，占比 31.1%。家中每亩土地年收益在 2 000 元以下的受访农户人数最多为 312 人，占比 62.3%，其次是 2 000～5 000 元，占比 34.1%，5 000～10 000 元的人数为 12 人，占比 2.4%，家中每亩土地年收益在 10 000 元以上的人数只有 6 人。家中除农业外经营年收入在 2 000 元以下的人数为 69 人，占比 13.8%，2 000～5 000 元的人数最多为 192 人，占比 38.3%，5 000～10 000 元的人数为 96 人，占比 19.2%，10 000～20 000 元的人数为 51 人，占比 10.2%，20 000 元以上的人数为 93 人，占比 18.6%。参加过相关培训的农户人数为 90 人，占比只有 18%，未参加过相关培训的人数为 411 人，占比 82%。看到过相关政策宣传的人数为 324 人，占比 64.7%，未看过相关政策宣传的人数为 177 人，占比 35.3%。有城镇生活意愿的受访农户为 309 人，没有意愿的为 192 人，分别占比 61.7% 和 38.3%。愿意无偿退出土地承包经营权的农户为 105 人，认为补偿合理才愿意退出的为 297 人，无论如何都不会退出的为 99 人。

表3.8　被调查农户的基本信息

影响因素	类别	人数	占比	影响因素	类别	人数	占比
性别	男	264	52.7%	家中是否有抛荒土地	是	156	31.1%
	女	237	47.3%		否	345	68.9%
年龄	小于18岁	3	0.6%	家中每亩土地年收益	2千以下	312	62.3%
	18～24岁	54	10.8%		2千～5千	171	34.1%
	25～34岁	60	12.0%		5千～1万	12	2.4%
	35～44岁	180	35.9%		1万～2万	3	0.6%
	45～60岁	153	30.5%		2万以上	3	0.6%
	大于60岁	51	10.2%	家中除农业外经营年收入	2千以下	69	13.8%
学历	小学及以下	135	26.9%		2千～5千	192	38.3%
	初中	162	32.3%		5千～1万	96	19.2%
	高中及以上	204	40.7%		1万～2万	51	10.2%
是否是村干部	是	48	9.6%		2万以上	93	18.6%
	否	453	90.4%	是否参加过相关培训	是	90	18.0%
是否是合作社成员	是	60	12.0%		否	411	82.0%
	否	441	88.0%	是否看到过相关政策宣传	是	324	64.7%
家中从事农业劳动的人数	0人	45	9.0%		否	177	35.3%
	1人	147	29.3%	是否有城镇生活的意愿	有	309	61.7%
	2人	237	47.3%		无	192	38.3%
	3人	39	7.8%	是否愿意退出土地承包经营权	愿意无偿退出	105	21.0%
	4人	21	4.2%		补偿合理愿意退出	297	59.3%
	5人及以上	12	2.4%		无论如何都不会退出	99	19.8%

3.4　本章小结

  本章为武汉城市圈土地利用转型概况分析及抽样调查，前者首先说明了选择研究区——武汉城市圈研究土地利用转型社会效益评价符合横向比较研究的一般要求，接着分析了武汉城市圈的土地数量、质量、土地利用现状、土地利用转型及其驱动力；后者主要是调查实施与基本信息分析，通过对调查样本选择、调查问卷设计和调查区域的分析，初步了解调查选点、调查影响因素选择、问卷设计与收集、问卷的信度和效度检验。本章内容为后文的实证分析研究奠定基础。本书样本点的选择主要采用"市—县（乡镇、办事处）—村—农户"四层分层抽样法，结合文献资料法、实地访谈、预调查方法和专家访问法确定最终的影响指标。调查方法采用分段调查，第一期调查中，主要是对调查对象选择、问卷内容以及调查方法的初步确定进行预调查，通过初步预调查，进一步完善调查问卷的内容、对象和方法；在第二期调查中，比较全面地收集被调查区域的数据和资料。此次调查共发放问卷 580 份，问卷回收 580 份，其中有效问卷 501 份。此外，本章对问卷设计质量的信度和效度进行了检验，前者采用克朗巴哈信度，后者采用 Kaiser-Meyer-Olkin (KMO) 检验和 Bartlett 球形检验。

第4章　农户视角下土地利用转型社会效益影响因素作用分析

4.1　农户与土地利用转型适应性的影响因素作用分析

农户与土地利用转型的适应性分析从农户对土地利用转型的政策评价和农户对土地利用转型的成效评价两方面进行，其逻辑关系在前文1.4.1节已有阐述，此处不再赘述。

土地利用转型的政策评价，是指对将要实施、正在实施或已经实施的相关政策的目标、执行过程、效益和影响客观、系统地进行分析、检查和总结，以确定政策的目标是否达到，检验政策是否合理和有效率，并通过相关信息资料为未来的决策提供经验和教训。政策评价一般由非执行者进行。农户对土地利用转型的政策评价主要涉及农户对制定的政策的满意程度、政策的针对性强弱以及政策实施结果是否符合目标，政策评价结果可以作为判断政策是否需要变动的参考依据。本书中农户对土地利用转型的政策评价是选择政策的非执行者——农户作为评价主体，研究农户对研究区域内已经实施或正在实施的土地利用转型政策的满意情况以及农户对政策作用于农户需求的针对性预期。政策的作用一般包括政策对收入公平分配的作用、政策对促进就业的作用、政策对福利改善的作用、政策对和谐安定的作用等。土地利用转型的成效评价，是指对土地利用转型终期既成效果的比较，是对农户收到的土地利用转型方面的相关效果的一种现状描述，"收到的效果"包括改善的医疗保障、改善的就业保障、新建的村庄基础设施等。土地利用转型的政策评价分析和成效评价分析是为社会效益评价分析服务的，政策的制定与实施要尽量最大化预期社会效益，而成效评价是对政策作用效果的衡量。只有对政策和成效进行评价分析，才能在土地利用转型的生命周期内从政策的制定到实施更大化社会效益。

常用的政策评价和成效评价方法有层次分析法、断点回归法（RD）、双重差分法（DID）、工具变量法（IV）等。层次分析法的特点是在对复杂的决策问题的本质、影响因素及其内在关系等进行深入分析的基础上，利用较少的定量信息使决策的思维过程数学化，从而为多目标、多准则或无结构特性的复杂决策问题提供简便的决策方法。断点回归法可以在没有随机性的情况下识别出政策的效果，但是该方法有三点缺陷：第一，无法保证模型中的连续性假设对于所有变量都成立；第二，无法消除的自选择性；第三，只能保证小范围的有效性。双重差分法是指用试点后两地区的差异与试点前两地区的差异之差来衡量政策。

本书在问卷数据的基础上，以李克特量表为评价标准进行政策评价和成效评价。一个典型的李克特量表有 5 个答题选项类别，用以测量个体对问题的反应。虽然我们可以采用线性回归模型的方法来估计李克特量表，但是这种方法存在诸多问题。首先，经典线性回归假设连续因变量是距离相等的定序因变量类型。李克特量表或者任何其他的定序量表虽然是定序的，但并不一定在类别间等距。其次，也是最重要的，这样的量表所得出的分布不是经典线性回归所假定的数据呈现的正态分布。统计学中，解决这一类因变量为有序定性数据的问题的常见方法有广义线性回归中的 Logistic 模型和 Probit 模型，这两种模型可以弥补经典线性回归存在的缺陷，并且能更准确地估计出量表。

政策评价和成效评价考察的影响因素相同，包括个人特征（性别、年龄、学历、是否是村干部、是否是合作社成员）、生产经营情况（家中从事农业劳动的人数、家中是否有抛荒土地、家中每亩土地的年收益、家中除农业外经营年收入）、外部及心理因素（是否参加过相关培训、是否看到过相关政策宣传、是否有迁移到城镇生活的意愿、是否愿意退出土地承包经营权）。这些影响因素作为解释变量，都属于定性数据，取值情况如表 4.1 所示。本书采用 Logistic 模型，运用 SPSS19.0 统计软件，模型的因变量是"农户对土地利用转型的政策评价 / 成效评价"，变量类型为多分类有序变量。设因变量为 y，$y=1$，表示"非常差"，即农户认为土地利用转型政策"完全没有"价值（成效非常差）；$y=2$，表示"差"，即农户认为土地利用转型政策"基本没有"价值（成效差）；$y=3$，表示"一般"，即农户认为土地利用转型政策的价值"不好说"（成效一般）；$y=4$，表示"好"，即农户认为土地利用转型政策"总体上"的作用较大（成效好）；$y=5$，表示"非常好"，即农户认为土地利用转型政策"完全是"有价值的（成效非常好）。回顾国内外学者的研究文献，关于定序变量的处理，主要有三种方法：一是把它看成连续变量，使用 OLS 回归模型进行分析；二是把它看成定序变量，使用 Ordinal Logistic 模型进行分析；三是把它转化为二分类因变量，使用二元 Logistic 回归模型进行分析。虽然三种模型在处理这类问题时都有一定的缺陷，但这三种方法的估计结果都非常接近，本书采用第二种方法。

表4.1　影响因素的类别和取值

	影响因素	变量类型	类别和取值
个人特征	性别 X_1	二分类	1="男"；2="女"
	年龄 X_2	多分类	1="不满18"；2="18~34"；3="35~44"；4="45~54"；5="55~64"；6="65以上"
	学历 X_3	多分类	1="小学及以下"；2="初中"；3="高中及以上"
	是否是村干部 X_4	二分类	1="是"；2="否"
	是否是合作社成员 X_5	二分类	1="是"；2="否"
生产经营情况	家中从事农业劳动的人数 X_6	多分类	1="0人"；2="1人"；3="2人"；4="3人"；5="4人"；6="5人及以上"
	家中是否有抛荒土地 X_7	二分类	1="是"；2="否"
	家中每亩土地的年收益 X_8	多分类	1="2 000元以下"；2="2 000~5 000元"；3="5 000~10 000元"；4="10 000~20 000元"；5="20 000元以上"
	家中除农业外经营年收入 X_9	多分类	1="2 000元以下"；2="2 000~5 000元"；3="5 000~10 000元"；4="10 000~20 000"；5="20 000元以上"
外部及心理因素	是否参加过相关培训 X_{10}	二分类	1="是"；2="否"
	是否看到过相关政策宣传 X_{11}	二分类	1="是"；2="否"
	是否有迁移到城镇生活的意愿 X_{12}	二分类	1="有"；2="无"
	是否愿意退出土地承包经营权 X_{13}	多分类	1="愿意无偿退出"；2="补偿合理就退出"；3="无论如何都不会退出"

4.1.1 农户对土地利用转型成效评价的描述

土地利用转型的成效评价，是指对土地利用转型终期既成效果的比较，是对政策作用效果的衡量。本书中农户对武汉城市圈土地利用转型的成效评价是基于对不同特征农户的调查数据，探究各个自变量（农户的不同特征）对因变量（成效）的影响。成效评价是对农户收到的土地利用转型政策的相关效果的一种现状描述，"收到的效果"包括改善的医疗保障、改善的就业保障、新建的村庄基础设施等。

自变量包括农户个人特征、生产经营情况、外部及心理因素，各自变量解析如下：

（1）农户个人特征

性别：由于性别不同的农户在外出就业比率上有一定差异，所以对于改善的医疗保障、就业保障及新建的村庄基础设施等，外出务工的男性可能没有留守当地的女性感受深刻。具体结果需要依据实际数据分析得到。

年龄：农户年龄越大越有可能留守家中，因此对于土地利用转型的成效感受越实际和深刻，越有可能对土地利用转型的成效评价较高。具体结果仍需要依据实际数据分析得到。

学历：学历高低也会影响农户的就业地域，一般来说，农户学历越高则越有可能在外工作（而不是在经济相对不发达的农村工作），对于成效没有切身感受，所以对于土地利用转型的成效评价，他们的评价可能较低。

是否是村干部：村干部对于土地利用转型了解更多，获得的土地转型收益（如政绩）可能比普通农户更多，所以作为利益相关方，村干部对于土地利用转型的成效评价可能比普通农户更高一点。当然，需要结合实际数据分析具体情况。

是否是合作社成员：合作社成员与普通农户相比，可能在农业平均收入方面更高，对于土地的依赖性可能更强，因此对于土地利用转型的评价也许难以客观，可能存在其对土地利用转型的成效评价偏低的现象。

（2）生产经营情况

家中从事农业劳动的人数：家中从事农业劳动的人数反映了在当地土地利用转型后能长时间亲身体验到医疗、就业和基建等方面的变化的人数比例，因此家中从事农业劳动的人数越多，这些家庭越能体会到这种土地转型后的变化，家庭整体的成效评价也就有可能越高。

家中是否有抛荒土地：是否有抛荒土地能反映家中收入来源的比例。抛荒土地越多，可能非农业收入比例越大，外出务工者越多，因此有这种情况的家庭对于土地转型的亲身体会要比无抛荒土地的家庭的亲身体会更少，其成效评价可能更低。需要结合数据说明实际情况。

家中每亩土地的年收益：每亩土地的年收益越高的家庭对于土地的依赖性越大，而这种高收入可能在短期或者可见范围内很难被土地利用转型的效果完全补偿，所以土地利用转型对于高收入农户来说是不利的，他们的成效评价可能会更低。

家中除农业外经营年收入：有些家庭除农业外的经营年收入越高，对于土地的依赖性越小，这些家庭对于土地利用转型持开放态度，对其转型成效也越能客观地评价，所以他们的成效评价可能会更高；但是有些家庭的非农业收入可能大部分来自外出务工，这些家庭对于转型成效的体会可能不会太深刻，所以其评价可能会更低。

（3）外部及心理因素

是否参加过相关培训：参加过相关培训的人员对于土地利用转型的期许一般来说可能更高，对于转型后的一些医疗、就业和基建方面的实际变化可能也更加关心，体验更深刻，所以可能会评价更高。

是否看到过相关政策宣传：相关政策宣传一般只能改善政策在人群中的普及和接受程度，而对于实实在在的转型效果的体验来说，这个因素的影响较小。

是否有迁移到城镇生活的意愿：对于有迁移到城镇生活的意愿的农户来说，其成效评价可能更加客观，不过其也有可能持无所谓的态度，所以这个因素对于最终成效评价的影响显著与否还需依据实际数据分析。

是否愿意退出土地承包经营权：不愿意退出土地承包经营权的农户，对于土地利用转型本身就持一定的反对态度，所以他们对于最终的成效评价可能难以客观公正，评价偏低；相反，愿意退出土地承包经营权的农户的成效评价可能更高。

农户对土地利用转型的成效评价属于有序分类变量，取值从1到5依次表示评价从"非常差"到"非常好"。图4.1为成效评价的频数统计表。受访的501人中，认为土地利用转型的成效"非常差"的有9人，占总人数的1.8%；认为成效"差"的有33人，占比6.6%；认为成效"一般"的人数最多，为264人，占比52.7%；认为成效"好"的为180人，占比35.9%；认为成效"非常好"的人数为15人，占比3%。

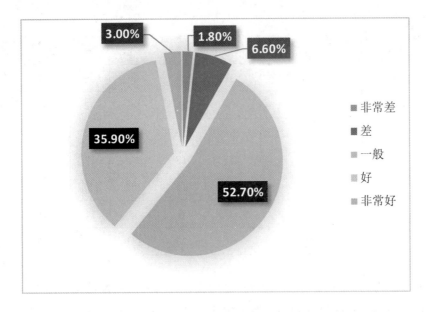

图 4.1　农户对土地利用转型成效评价的频数统计

表 4.2 为不同个人特征的农户对土地利用转型的成效评价的频数统计，分别从性别、年龄、学历、是否是村干部和是否是合作社成员五个方面进行统计。

表4.2　不同个人特征的农户对土地利用转型的成效评价的频数统计

		非常差	差	一般	好	非常好	合计
性别	男	6	23	135	88	12	264
	女	3	10	129	92	3	237
年龄	小于 18 岁	0	0	0	3	0	3
	18~24 岁	0	3	45	6	0	54
	25~34 岁	3	6	27	24	0	60
	35~44 岁	0	18	102	51	9	180
	45~60 岁	3	6	72	66	6	153
	大于 60 岁	3	0	18	30	0	51

续 表

		非常差	差	一般	好	非常好	合计
学历	小学及以下	3	6	60	66	0	135
	初中	0	9	99	42	12	162
	高中及以上	6	18	105	72	3	204
是否是村干部	是	3	18	12	12	3	48
	否	6	15	252	168	12	453
是否是合作社成员	是	0	6	33	21	0	60
	否	9	27	231	159	15	441

表 4.3 为影响因素与土地利用转型的成效评价的独立性检验，即不同组别的农户的评价是否存在显著差异，如对性别 X_1 的检验，原假设为不同性别的农户对土地利用转型的成效评价没有差异；备择假设为不同性别的农户对土地利用转型的成效评价存在显著差异。通过检验结果我们发现，只有是否是合作社成员 X_5 的检验结果不显著，其他因素对应的检验结果皆显著。这说明不同性别、年龄、学历等的农户对成效的评价存在显著差异，但是并不能说明这些因素就是评价出现不同的原因，具体的原因分析见下文的 Logistic 回归。

表4.3 影响因素的独立性检验结果

	影响因素	Pearson	似然比	Kendall's tau
个人特征	性别 X_1	71.452***	73.348***	−0.348***
	年龄 X_2	71.648***	82.593***	0.167***
	学历 X_3	38.274***	42.066***	−0.089**
	是否是村干部 X_4	94.250***	58.656***	0.161***
	是否是合作社成员 X_5	4.556	4.556	0.037
生产经营情况	家中从事农业劳动的人数 X_6	45.218***	46.704***	−0.102**
	家中是否有抛荒土地 X_7	16.313***	23.313***	0.097**
	家中每亩土地的年收益 X_8	62.078***	69.028***	0.289***
	家中除农业外经营年收入 X_9	104.820***	103.303***	−0.172***

	影响因素	Pearson	似然比	Kendall's tau
外部及心理因素	是否参加过相关培训 X_{10}	38.774***	35.785***	−0.237***
	是否看到过相关政策宣传 X_{11}	21.859***	24.268***	−0.134***
	是否有迁移到城镇生活的意愿 X_{12}	32.696***	36.116***	−0.193***
	是否愿意退出土地承包经营权 X_{13}	79.349***	78.878***	−0.315***

注：*、**、*** 依次表示显著性水平为 0.1，0.05，0.01 时显著。

4.1.2 农户对土地利用转型成效评价的影响因素作用分析

本节采用 Logistic 模型，模型形式如式（4.1）所示，以最大取值项为参照项，具体分析如下。

$$P\left(Y \leqslant n \middle| X\right) = \frac{\mathrm{e}^{g(X)}}{1 + \mathrm{e}^{g(X)}} = \frac{\exp\left(\beta_0 + X_i\beta_i\right)}{1 + \exp\left(\beta_0 + X_i\beta_i\right)}, \quad n = \left(1,2,3,4,5\right) \quad （4.1）$$

为了避免多重共线性造成的系数不显著，本书对影响因素的三个方面分别进行回归。个人特征的回归结果如表 4.4 所示，其中全模型即加入所有影响因素的模型，只有年龄 X_2 和是否是村干部 X_4 的影响显著，而性别、学历、是否是合作社成员这些因素对于农户的土地利用转型的成效评价没有影响。于是重新建立受约束模型，即只将显著性因素加入模型，得到回归方程如式 4.2~4.5。并且两种模型的平行线检验都能够通过，这表明模型建立合理。

表4.4 个人特征的Logistic回归结果

			系数	OR	95% 的置信区间		平行线检验
					下限	上限	
全模型	β_0	$n = 1$	−1.415	0.243	−3.112	0.283	256.334***
		$n = 2$	0.295	1.343	−1.314	1.904	
		$n = 3$	3.415***	30.417	1.755	5.076	
		$n = 4$	6.557***	704.156	4.818	8.295	
	β_i	x_1	0.057	1.059	−0.291	0.404	
		x_4	−1.695***	0.184	1.049	2.341	

续　表

			系数	OR	95% 的置信区间		平行线检验
					下限	上限	
全模型	β_i	x_5	0.162	1.176	−0.381	0.705	256.334***
		$x_2=1$	1.177	3.245	−1.271	3.625	
		$x_2=2$	−1.652***	0.192	−2.538	−0.767	
		$x_2=3$	−0.971**	0.379	−1.764	−0.178	
		$x_2=4$	−0.857**	0.424	−1.555	−0.159	
		$x_2=5$	−0.324	0.723	−0.998	0.35	
全模型	β_i	$x_3=1$	0.022	1.022	−0.481	0.525	256.334***
		$x_3=2$	−0.155	0.856	−0.585	0.274	
受约束模型	β_0	$n=1$	−1.802**	0.165	−3.17	−0.433	192.152***
		$n=2$	−0.092	0.912	−1.35	1.166	
		$n=3$	3.021***	20.512	1.705	4.336	
		$n=4$	6.156***	471.538	4.749	7.564	
	β_i	x_4	−1.694***	0.184	1.064	2.324	
		$x_2=1$	1.201	3.323	−1.196	3.598	
		$x_2=2$	−1.657***	0.191	−2.433	−0.882	
		$x_2=3$	−1.038***	0.354	−1.777	−0.299	
		$x_2=4$	−0.921***	0.398	−1.533	−0.31	
		$x_2=5$	−0.374	0.688	−0.992	0.245	

注：*、**、*** 依次表示显著性水平为 0.1，0.05，0.01 时显著

$$P(Y \leqslant 1|X) = \frac{\exp\left(\begin{array}{c}-1.802+1.201 \times 2_1 - 1.657 \times 2_2 - 1.038 \times 2_3 \\ -0.921 \times 2_4 - 0.374 \times 2_5 - 1.694 \times 4\end{array}\right)}{1+\exp\left(\begin{array}{c}-1.802+1.201 \times 2_1 - 1.657 \times 2_2 - 1.038 \times 2_3 \\ -0.921 \times 2_4 - 0.374 \times 2_5 - 1.694 \times 4\end{array}\right)} \qquad (4.2)$$

$$P\left(Y\leqslant 2\middle|X\right)=\frac{\exp\left(\begin{array}{l}-0.092+1.201\times2_1-1.657\times2_2-1.038\times2_3\\-0.921\times2_4-0.374\times2_5-1.694\times4\end{array}\right)}{1+\exp\left(\begin{array}{l}-0.092+1.201\times2_1-1.657\times2_2-1.038\times2_3\\-0.921\times2_4-0.374\times2_5-1.694\times4\end{array}\right)} \qquad (4.3)$$

$$P\left(Y\leqslant 3\middle|X\right)=\frac{\exp\left(\begin{array}{l}3.021+1.201\times2_1-1.657\times2_2-1.038\times2_3\\-0.921\times2_4-0.374\times2_5-1.694\times4\end{array}\right)}{1+\exp\left(\begin{array}{l}3.021+1.201\times2_1-1.657\times2_2-1.038\times2_3\\-0.921\times2_4-0.374\times2_5-1.694\times4\end{array}\right)} \qquad (4.4)$$

$$P\left(Y\leqslant 4\middle|X\right)=\frac{\exp\left(\begin{array}{l}6.156+1.201\times2_1-1.657\times2_2-1.038\times2_3\\-0.921\times2_4-0.374\times2_5-1.694\times4\end{array}\right)}{1+\exp\left(\begin{array}{l}6.156+1.201\times2_1-1.657\times2_2-1.038\times2_3\\-0.921\times2_4-0.374\times2_5-1.694\times4\end{array}\right)} \qquad (4.5)$$

表中，系数列表示模型估计的系数结果，β_0 对应常数项，OR 为 $\exp(\beta_i)$ 表示优势比。受约束模型中，x_4 的系数为 -1.694，优势比为 $\exp(1.694)=0.184$，说明村干部（$x_4=1$）比非村干部（$x_4=2$）更加倾向于认为土地利用转型的成效好，并且非村干部给出好的评价的优势比是村干部的 0.184 倍，即村干部给出好的评价的概率更高。$x_2=2$、$x_2=3$ 和 $x_2=4$ 的系数显著，并为负值，说明相对于 65 岁以上的农户，18~54 岁的农户更倾向于给出差的评价。并且 18~34 岁农户、35~44 岁农户和 45~54 岁农户对应的优势比依次为 0.191、0.354 和 0.398，可以看出年龄越小的农户优势比越小，因此认为在显著范围内，随着年龄的增加，农户会更倾向于认为土地利用转型的成效好。

受访农户的生产经营情况的影响因素的模型回归结果如表 4.5 所示，模型的平行线检验依旧都能够通过。从全模型中可以看出，影响显著的变量为家中每亩土地的年收益 x_8 和家中除农业外经营年收入 x_9，而家中从事农业劳动的人数 x_6 和家中是否有抛荒土地 x7 对于农户的土地利用转型评价没有影响。受约束模型中 $x_8=2$、$x_8=3$、$x_8=4$、$x_9=1$ 和 $x_9=2$ 的系数显著，且都为正值，这些变量都为多分类变量，所以可以认为家中每亩土地的年收益在 2 000~20 000 元之间的农户相对于收益在 20 000 以上的农户更倾向于认为土地利用转型成效好。而家中除农业外经营年收入在 5 000 元以下的农户相对于收益在 20 000 元以上的农户而言，也更容易给出好的评价。从表中我们可以看出，家中每亩土地年收入在 5 000 元到 10 000 元的农户给出好的评价的概率大于每亩土地年收入在 2 000~5 000 元的农户给出好的评价的概率，也大于 2 000 元以下的农户给出好的评价的概率；除农业外经营年收入在 2 000~5 000 元的农户比收入在 2 000 元以下的农户优势比更大，更容易给出好的评价。回归方程如式（4.6）～（4.9）所示：

表4.5　生产经营情况的Logistic回归结果

			系数	OR	95% 的置信区间		平行线检验
					下限	上限	
全模型	β_0	$n=1$	−1.027	0.358	−3.86	1.807	51.320***
		$n=2$	0.646	1.908	−2.131	3.423	
		$n=3$	3.898***	49.304	1.094	6.703	
		$n=4$	7.235***	1387.141	4.364	10.105	
	β_i	x_7	0.287	1.332	−0.128	0.702	
		$x_6=1$	0.814	2.257	−0.478	2.106	
		$x_6=2$	0.672	1.958	−0.527	1.872	
		$x_6=3$	0.400	1.492	−0.78	1.58	
		$x_6=4$	−0.679	0.507	−2.015	0.657	
		$x_6=5$	0.684	1.982	−0.775	2.143	
全模型	β_i	$x_8=1$	1.38	3.975	−1.026	3.785	51.320***
		$x_8=2$	2.68**	14.585	0.261	5.099	
		$x_8=3$	3.629***	37.675	0.927	6.332	
		$x_8=4$	4.88***	131.631	1.415	8.344	
		$x_9=1$	0.847**	2.333	0.162	1.531	
		$x_9=2$	1.026***	2.790	0.468	1.583	
		$x_9=3$	0.001	1.001	−0.632	0.634	
		$x_9=4$	0.202	1.224	−0.535	0.939	
受约束模型	β_0	$n=1$	−2.291*	0.101	−4.747	0.166	29.626***
		$n=2$	−0.637	0.529	−3.027	1.753	
		$n=3$	2.539**	12.667	0.135	4.943	
		$n=4$	5.823***	337.984	3.356	8.29	
	β_i	$x_8=1$	0.963	2.620	−1.393	3.318	
		$x_8=2$	2.296*	9.934	−0.084	4.676	

		系数	OR	95% 的置信区间		平行线检验
				下限	上限	
受约束模型	β_i	$x_8=3$	3.346**	28.389	0.693	5.999	
		$x_8=4$	4.181**	65.431	0.793	7.569	
		$x_9=1$	0.95***	2.586	0.3	1.6	29.626***
		$x_9=2$	0.951***	2.588	0.436	1.466	
		$x_9=3$	−0.039	0.962	−0.645	0.566	
		$x_9=4$	0.182	1.200	−0.519	0.883	

注：*、**、*** 依次表示显著性水平为 0.1，0.05，0.01 时显著。

$$P\left(Y\leqslant 1|X\right)=\frac{\exp\left(\begin{array}{l}-2.291+0.963\times 8_1+2.296\times 8_2+3.346\times 8_3+4.181\times 8_4\\+0.950\times 9_1+0.951\times 9_2-0.039\times 9_3+0.182\times 9_4\end{array}\right)}{1+\exp\left(\begin{array}{l}-2.291+0.963\times 8_1+2.296\times 8_2+3.346\times 8_3+4.181\times 8_4\\+0.950\times 9_1+0.951\times 9_2-0.039\times 9_3+0.182\times 9_4\end{array}\right)} \quad (4.6)$$

$$P\left(Y\leqslant 2|X\right)=\frac{\exp\left(\begin{array}{l}-0.637+0.963\times 8_1+2.296\times 8_2+3.346\times 8_3+4.181\times 8_4\\+0.950\times 9_1+0.951\times 9_2-0.039\times 9_3+0.182\times 9_4\end{array}\right)}{1+\exp\left(\begin{array}{l}-0.637+0.963\times 8_1+2.296\times 8_2+3.346\times 8_3+4.181\times 8_4\\+0.950\times 9_1+0.951\times 9_2-0.039\times 9_3+0.182\times 9_4\end{array}\right)} \quad (4.7)$$

$$P\left(Y\leqslant 3|X\right)=\frac{\exp\left(\begin{array}{l}2.539+0.963\times 8_1+2.296\times 8_2+3.346\times 8_3+4.181\times 8_4\\+0.950\times 9_1+0.951\times 9_2-0.039\times 9_3+0.182\times 9_4\end{array}\right)}{1+\exp\left(\begin{array}{l}2.539+0.963\times 8_1+2.296\times 8_2+3.346\times 8_3+4.181\times 8_4\\+0.950\times 9_1+0.951\times 9_2-0.039\times 9_3+0.182\times 9_4\end{array}\right)} \quad (4.8)$$

$$P\left(Y\leqslant 4|X\right)=\frac{\exp\left(\begin{array}{l}5.823+0.963\times 8_1+2.296\times 8_2+3.346\times 8_3+4.181\times 8_4\\+0.950\times 9_1+0.951\times 9_2-0.039\times 9_3+0.182\times 9_4\end{array}\right)}{1+\exp\left(\begin{array}{l}5.823+0.963\times 8_1+2.296\times 8_2+3.346\times 8_3+4.181\times 8_4\\+0.950\times 9_1+0.951\times 9_2-0.039\times 9_3+0.182\times 9_4\end{array}\right)} \quad (4.9)$$

受访农户的外部及心理因素的回归结果如表 4.6 所示，全模型与受约束模型的平行线检验都在 0.01 的显著性水平下通过。从回归结果中可以看出只有变量 x_{11} 的系数不显著，表明农户对土地利用转型的成效评价好坏与其是否看过相关政策宣传无关，与其是否参加过相关培训、是否有迁移到城镇生活的意愿和是否愿意退出土地承包经营权有关。回归方程如式（4.10）～（4.13）所示。

表4.6　外部及心理因素的Logistic回归结果

			系数	OR	95% 的置信区间		平行线检验
					下限	上限	
全模型	β_0	$n=1$	-6.586***	0.001	-7.964	-5.208	77.201***
		$n=2$	-4.923***	0.007	-6.173	-3.672	
		$n=3$	-1.691***	0.184	-2.874	-0.508	
		$n=4$	1.717***	5.568	0.498	2.936	
	β_i	x_{10}	-1.087***	0.337	-1.58	-0.595	
		x_{11}	-0.084	0.919	-0.472	0.303	
全模型	β_i	x_{12}	-0.826***	0.438	-1.2	-0.452	77.201***
		$x_{13}=1$	2.095***	8.125	1.488	2.702	
		$x_{13}=2$	1.004***	2.729	0.517	1.492	
受约束模型	β_0	$n=1$	-6.493***	0.002	-7.808	-5.178	34.716***
		$n=2$	-4.832***	0.008	-6.012	-3.651	
		$n=3$	-1.6***	0.202	-2.712	-0.488	
		$n=4$	1.808***	6.098	0.656	2.96	
	β_i	x_{10}	-1.104***	0.332	-1.589	-0.62	
		x_{12}	-0.832***	0.435	-1.206	-0.459	
		$x_{13}=1$	2.121***	8.339	1.526	2.716	
		$x_{13}=2$	1.023***	2.782	0.545	1.502	

注：*、**、*** 依次表示显著性水平为 0.1，0.05，0.01 时显著。

$$P(Y\leqslant 1|X)=\frac{\exp(-6.493-1.104\times 10-0.832\times 12+2.121\times 13_1+1.023\times 13_2)}{1+\exp(-6.493-1.104\times 10-0.832\times 12+2.121\times 13_1+1.023\times 13_2)} \quad (4.10)$$

$$P(Y\leqslant 2|X)=\frac{\exp(-4.832-1.104\times 10-0.832\times 12+2.121x13_1+1.023\times 13_2)}{1+\exp(-4.832-1.104\times 10-0.832\times 12+2.121x13_1+1.023\times 13_2)} \quad (4.11)$$

$$P(Y\leqslant 3|X)=\frac{\exp(-1.600-1.104\times 10-0.832\times 12+2.121\times 13_1+1.023\times 13_2)}{1+\exp(-1.600-1.104\times 10-0.832\times 12+2.121\times 13_1+1.023\times 13_2)} \quad (4.12)$$

$$P\left(Y\leqslant 4|X\right)=\frac{\exp\left(1.808-1.104\times10-0.832\times12+2.121\times13_1+1.023\times13_2\right)}{1+\exp\left(1.808-1.104\times10-0.832\times12+2.121\times13_1+1.023\times13_2\right)} \quad (4.13)$$

从受约束模型中我们看出变量 x_{10}、x_{12} 的回归系数皆为负值，x_{13} 的回归系数为正值。说明没有参加过相关培训的农户倾向于对土地利用转型的成效给出不好的评价，并且对应的优势比为 0.332，即没有参加过培训的农户给出成效好的评价的概率是参加过培训的农户给出成效好的评价的概率的 0.332 倍。没有意愿迁移到城镇生活的农户也倾向于给出不好的评价，优势比为 0.435，说明没有意愿迁移到城镇生活的农户给出成效好的评价的概率只是有意愿的农户给出成效好的评价的概率的 0.435 倍。x_{13} 代表是否愿意退出土地承包经营权，$x_{13}=1$ 的系数为 2.121，优势比为 8.339，即愿意无偿退出土地承包经营权的农户与无论如何都不会退出的农户相比，更倾向于认为土地利用转型的成效好，并且前者给出好的评价的概率的优势是后者的 8.339 倍；$x_{13}=2$ 的系数为 1.023，优势比为 2.782，换言之，愿意补偿合理就退出土地承包经营权的农户认为土地利用转型的成效好的概率是无论如何都不会退出的农户的 2.782 倍，小于愿意无偿退出的农户给出好的评价的概率。

分析成效评价结果发现，只有"是否是合作社成员"这一组别的农户对成效评价没有显著差异。在受访的 501 人中，认为土地利用转型的成效"非常差"的占总人数的 1.8%，认为成效"差"的占比 6.6%，认为成效"一般"的占比 52.7%，认为成效"好"的占比 35.9%，认为成效"非常好"的占比 3%，即大部分农户认为土地利用转型的成效"一般"。

在土地利用转型成效评价的影响因素探讨中，首先，个人特征方面，对成效评价影响显著的因素有 2 个，分别是"年龄"和"是否是村干部"。村干部比非村干部更加倾向于认为土地利用转型成效好。18~34 岁、35~44 岁、45~54 岁和 55~64 岁农户依次更倾向于认为土地利用转型成效好，表明随着年龄增大，农户对土地利用转型成效的认同感更强。其次，生产经营情况方面，对成效评价影响显著的因素有 2 个，分别是"家中每亩土地的年收益"和"家中除农业外经营年收入"。家中每亩土地的年收益在 2 000~20 000 元之间的农户相对于收益在 20 000 元以上的农户更倾向于认为土地利用转型成效好，可能是因为土地收益达到一定水平的农户，更倾向于保持土地利用的现状，而非转型。家中除农业外经营年收入在 5 000 元以下的农户相对于收益在 20 000 元以上的农户而言，也更容易给出好的评价，可能是由于这部分农户通过参与土地利用转型产生的收益所带来的满足感高于家中除农业外经营年收入较高的农户。最后，外部及心理因素方面，土地利用转型成效评价的主要影响因素有"是否参加过相关培训""是否有意愿迁移到城镇生活"和"是否愿意退出土地承包经营权",而其与"是否看到过相关政策宣传"无明显相关。参加过相关培训的农户与未参加过培训的农户相比,更加认可土地利用转型的成效,有意愿迁移至城镇生活的农户比无意愿迁移的农户更认可土地利用转型的成效,在"是否愿意退出土地承包经营权"问题上,无论如何都不会选择退出经营权的农户对土地利用转型成效的认可度最低。

4.1.3 农户对土地利用转型政策评价的描述

政策评价,是指对将要实施、正在实施或已经实施的相关政策的目标、执行过程、效益和影响客观、系统地进行分析、检查和总结,以确定政策的目标是否达到,检验政策是否合理和有效,并通过相关信息资料为未来的决策提供经验和教训。政策评价一般由非执行者进行。政策评价的评价对象涉及的因素复杂,且在政策制定、执行过程中存在大量不确定因素,因此其工作方法和程序都有自身的特点,目前政策评价还没有形成统一的方法学体系,常用的政策评价方法有对比分析法、成本效益分析法、统计抽样分析法、情景分析法、投入产出模型、层次分析法、灵敏度分析、建立系统分析模型等。

农户对土地利用转型的政策评价主要涉及农户对制定的政策的满意程度、政策的针对性强弱以及政策实施结果是否符合目标,政策评价结果可以作为判断政策是否需要变动的参考依据。本研究中农户对土地利用转型的政策评价是选择农户作为评价主体,研究农户对研究区域内已经实施或正在实施的土地利用转型政策的满意情况以及农户对政策作用于农户需求的针对性预期。政策的作用一般包括政策对收入公平分配的作用、政策对促进就业的作用、政策对福利改善的作用、政策对和谐安定的作用等。

自变量包括农户个人特征、生产经营情况、外部及心理因素,各自变量解析如下:

(1)农户个人特征

性别:政策评价作为一个整体的评价指标,在受访对象的性别上差异可能不大,因为农户的评价是来自自身的长期体验,所以可能不会有显著性差异。

年龄:农户年龄越大,其在当地留守的可能性越大,对于新事物带来的新变化体会越深刻和明显,对于这种政策带来的福利感受也越深刻,政策评价可能会越高。

学历:农户学历越高,其对于政策促进就业、收入分配、福利和安定的理解可能越到位,其基于切身体会到的这种变化对这种宏观上的问题更能做出正确评价,所以高学历农户的评价可能会高于低学历农户。

是否是村干部：村干部是政策施行的主体，对政策实施的全过程更加了解，对于细节的掌握更准确，同时，作为利益相关方，村干部对于政策的评价可能会略高于普通农户。

是否是合作社成员：农户对政策的评价的一大因素应该是该政策带给自己的切身利益是否能够实现，而土地利用转型可能在短时间或可见范围内无法弥补高收入农户的利益或收入，但是对于低收入农户的利益及收入有更多提高的可能性，所以合作社成员可能评价会更低。具体情况需结合实际数据分析得到。

（2）生产经营情况

家中从事农业劳动的人数：家中从事农业劳动的人数越多，家庭对于农业的依赖性就越强，可能对于土地利用转型更有可能持抵触态度，所以其评价可能越低。但是，这种对于农业依赖性强的家庭，可能年收入也不是很高，所以从土地利用转型得到的补偿性收益可能会改善其整体利益，所以评价也有可能偏高。具体如何还需要结合实际数据分析。

家中是否有抛荒土地：抛荒土地的多少反映了农户家中对土地的依赖程度，抛荒土地越多的农户对土地的依赖程度越低，对政策更有可能持开放态度，其评价可能越高。

家中每亩土地的年收益：每亩土地年收益高者，更加倾向于维持现状而不是改变，因此他们对于政策的接受程度应该比较低，对于政策评价更有可能偏低。

家中除农业外经营年收入：农户非农收入越高则其对土地的依赖程度越低，所以其对于土地利用转型越持开放态度，其评价可能越高。

（3）外部及心理因素

是否参加过相关培训：参加过培训的人员对于政策的整体认知会更充分，对于政策的接受程度更高，所以整体上来说他们可能有更高的评价。

是否看到过相关政策宣传：政策宣传到位有利于政策理念在人群中的普及和人们心理接受程度的提高，因此看到过政策宣传的人可能对其接受度也更高，给出的评价更高。

是否有迁移到城镇生活的意愿：有迁移到城镇生活的意愿的农户对于这种政策更多时候可能是持无所谓的态度，所以更能客观地进行评价。而无此意愿的农户可能有较高或较低的评价，所以此因素需要结合数据具体分析，无法轻易推测。

是否愿意退出土地承包经营权：愿意退出土地承包经营权的农户对于土地利用转型本身就持支持态度，对于政策的评价会较高；相反，不愿意退出土地承包经营权的农户，对政策的评价很可能较低。

图 4.2 为农户对土地利用转型的政策评价的频数统计，这 501 位受访者中，

认为政策非常差的有 9 人，占比 1.8%，认为效果差的有 33 人，占比 6.6%，认为效果一般的有 249 人，占比 49.7%，认为效果好的有 192 人，占比 38.3%，认为效果非常好的有 18 人，占比 3.6%。表 4.7 为不同个人特征的农户对土地利用转型的政策评价的频数统计。

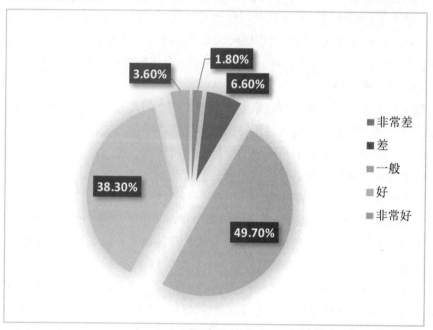

图 4.2　农户对土地利用转型政策评价的频数统计

表4.7　不同个人特征的农户对土地利用转型的政策评价的频数统计

		非常差	差	一般	好	非常好	合计
性别	男	6	22	123	100	13	264
	女	3	11	126	92	5	237
年龄	小于 18 岁	0	0	0	3	0	3
	18~24 岁	0	3	39	12	0	54
	25~34 岁	3	6	27	24	0	60

		非常差	差	一般	好	非常好	合计
年龄	35~44 岁	0	18	87	66	9	180
	45~60 岁	3	6	78	60	6	153
	大于 60 岁	3	0	18	27	3	51
学历	小学及以下	3	6	60	63	3	135
	初中	0	9	93	51	9	162
	高中及以上	6	18	96	78	6	204
是否是村干部	是	3	15	15	9	6	48
	否	6	18	234	183	12	453
是否是合作社成员	是	0	3	36	18	3	60
	否	9	30	213	174	15	441

表 4.8 为各影响因素与土地利用转型的政策评价的独立性检验。检验结果显示，不显著的变量只有性别和是否是合作社成员，显著性的变量有年龄、学历、是否是村干部、家中从事农业劳动的人数、家中是否有抛荒土地、家中每亩土地的年收益、家中除农业外经营年收入、是否参加过相关培训、是否看到过相关政策宣传、是否有迁移到城镇生活的意愿和是否愿意退出土地承包经营权。这表明不同年龄、学历等的农户对土地利用转型政策的评价存在显著差异，但这些因素是否为差异存在的原因，需要进行进一步的探讨。

表4.8 影响因素的独立性检验结果

	影响因素	Pearson	似然比	Kendall's tau
个人特征	性别 x_1	7.157	7.354	−0.001
	年龄 x_2	47.168***	56.222***	0.114***
	学历 x_3	17.375**	19.806**	−0.061
	是否是村干部 x_4	75.550***	50.543***	0.133**
	是否是合作社成员 x_5	4.548	5.613	0.023

续　表

	影响因素	Pearson	似然比	Kendall's tau
生产经营情况	家中从事农业劳动的人数 x_6	78.943***	87.178	−0.198
	家中是否有抛荒土地 x_7	7.924*	10.757**	0.026
	家中每亩土地的年收益 x_8	50.651***	58.090***	0.242***
	家中除农业外经营年收入 x_9	75.382***	72.438***	−0.144***
外部及心理因素	是否参加过相关培训 x_{10}	50.531***	49.732***	−0.263***
	是否看到过相关政策宣传 x_{11}	34.289***	42.473***	−0.199***
	是否有迁移到城镇生活的意愿 x_{12}	35.523***	38.804***	−0.169***
	是否愿意退出土地承包经营权 x_{13}	85.300***	88.860***	−0.351***

注：*、**、*** 依次表示显著性水平为 0.1，0.05，0.01 时显著。

4.1.4 农户对土地利用转型政策评价的影响因素作用分析

与前文分析农户对土地利用转型的成效评价过程类似，首先按照影响因素类型分别进行有序 Logistic 回归。因变量为"农户对土地利用转型的政策评价"，取值依次为 1 至 5，分别表示"非常差""差""一般""好"和"非常好"。回归模型形式同式（4.1）。

农户个人特征对土地利用转型的政策评价的 Logistic 回归结果如表 4.9 所示，模型的平行线检验都能够通过，说明模型构建合理。分析回归结果，我们发现影响显著的因素为年龄 x_2 和是否是村干部 x_4。从受约束模型中我们看出 x_4 的回归系数为 −1.404，优势比 OR 为 0.246，表明有村干部身份的农户更倾向于认为土地利用转型政策能带来好的社会效益，并且非村干部给出好的评价的概率是村干部给出好的评价的概率的 0.246 倍。$x_2 = 2$、$x_2 = 3$ 和 $x_2 = 4$ 的系数显著，依次为 −1.371、−1.109、−0.740，优势比为 0.254、0.330、0.477，说明年龄在 18 岁至 54 岁之间的农户相对于 65 岁以上的农户，更倾向于认为土地利用转型政策的社会效益差，优势比随着年龄的增加而增大表示年龄越大的农户越会认为土地利用转型政策的效果好。

表4.9 个人特征的Logistic回归结果

| | | 系数 | OR | 95% 的置信区间 | | 平行线检验 |
				下限	上限	
全模型	β_0	$n=1$	−2.336***	0.097	−4.017	−0.654	
		$n=2$	−0.663	0.515	−2.25	0.925	
		$n=3$	2.221***	9.217	0.608	3.835	
		$n=4$	5.263***	193.060	3.589	6.936	
	β_i	x_1	−0.066	0.936	−0.408	0.277	491.838***
		x_4	−1.456***	0.233	0.829	2.084	
		x_5	−0.047	0.954	−0.581	0.487	
		$x_2=1$	1.033	2.809	−1.384	3.45	
		$x_2=2$	−1.372***	0.254	−2.238	−0.506	
		$x_2=3$	−1.064***	0.345	−1.851	−0.277	
		$x_2=4$	−0.7**	0.497	−1.391	−0.008	
		$x_2=5$	−0.578*	0.561	−1.249	0.093	
		$x_3=1$	0.006	1.006	−0.491	0.502	
		$x_3=2$	−0.16	0.852	−0.583	0.263	
受约束模型	β_0	$n=1$	−2.224***	0.108	−3.583	−0.866	
		$n=2$	−0.552	0.576	−1.792	0.689	
		$n=3$	2.328***	10.257	1.053	3.604	
		$n=4$	5.365***	213.791	4.012	6.717	
	β_i	x_4	−1.404***	0.246	0.792	2.015	199.105***
		$x_2=1$	1.039	2.826	−1.328	3.407	
		$x_2=2$	−1.371***	0.254	−2.128	−0.614	
		$x_2=3$	−1.109***	0.330	−1.843	−0.375	
		$x_2=4$	−0.74**	0.477	−1.346	−0.133	
		$x_2=5$	−0.607*	0.545	−1.224	0.01	

注：*、**、*** 依次表示显著性水平为 0.1，0.05，0.01 时显著。

农户生产经营情况的 Logistic 回归结果如表 4.10 所示，首先分析平行线检验，全部显著说明模型构建合理。在全模型中看出系数的显著性通过的为家中从事农业劳动的人数 x_6、家中每亩土地的年收益 x_8 和家中除农业外经营年收入 x_9，不显著的因素为家中是否存在抛荒土地 x_7。受约束模型中 $x_6 = 4$ 和 $x_6 = 5$ 的系数显著，且为负值，对应的优势比 OR 分别为 0.077 和 0.207，表明家中从事农业劳动的人数为 3 人和 4 人的农户比家中有 5 人以上从事农业劳动的农户倾向于给出不好的评价，前者的相对比为 0.077，后者为 0.207。$x_8 = 2$、$x_8 = 3$ 和 $x_8 = 4$ 的系数显著，优势比依次为 3.181、4.401 和 5.357，可以认为家中每亩土地的年收益越高的农户给出好的评价的可能性越大。$x_9 = 1$、$x_9 = 2$ 和 $x_9 = 4$ 的系数显著，并且都为正值，表明家中除农业外经营年收入在 5 000 元以下和 10 000 元至 20 000 元的农户相比较于收入在 20000 元以上的农户倾向于认为土地利用转型的政策好。

表4.10　生产经营情况的Logistic回归结果

		系数	OR	95% 的置信区间		平行线检验
				下限	上限	
β_0	$n = 1$	−1.027	0.358	−3.86	1.807	
	$n = 2$	0.646	1.908	−2.131	3.423	
	$n = 3$	3.898***	49.304	1.094	6.703	
	$n = 4$	7.235***	1387.141	4.364	10.105	
全模型 β_i	x_7	0.064	1.066	−0.348	0.477	94.129***
	$x_6 = 1$	−0.159	0.853	−1.467	1.149	
	$x_6 = 2$	−0.12	0.887	−1.344	1.104	
	$x_6 = 3$	−0.81	0.445	−2.016	0.396	
	$x_6 = 4$	−2.558***	0.077	−3.935	−1.181	
	$x_6 = 5$	−1.591**	0.204	−3.082	−0.1	
	$x_8 = 1$	2.023	7.561	−0.39	4.435	
	$x_8 = 2$	3.202**	24.582	0.774	5.631	
	$x_8 = 3$	4.419***	83.013	1.704	7.135	
	$x_8 = 4$	5.408***	223.185	1.937	8.879	

| | | | 系数 | OR | 95% 的置信区间 | | 平行线检验 |
					下限	上限	
全模型	β_i	$x_9=1$	0.559	1.749	−0.124	1.241	94.129***
		$x_9=2$	1.358***	3.888	0.798	1.917	
		$x_9=3$	−0.06	0.942	−0.692	0.572	
		$x_9=4$	0.689*	1.992	−0.04	1.419	
受约束模型	β_0	$n=1$	−2.112	0.121	−4.855	0.632	114.827***
		$n=2$	−0.382	0.682	−3.061	2.296	
		$n=3$	2.883**	17.868	0.189	5.576	
		$n=4$	6.206***	495.714	3.461	8.952	
	β_i	$x_6=1$	−0.163	0.850	−1.47	1.143	
		$x_6=2$	−0.132	0.876	−1.351	1.088	
		$x_6=3$	−0.812	0.444	−2.017	0.393	
		$x_6=4$	−2.561***	0.077	−3.937	−1.185	
		$x_6=5$	−1.576**	0.207	−3.065	−0.086	
		$x_8=1$	2.000	7.389	−0.408	4.409	
		$x_8=2$	3.181**	24.071	0.757	5.606	
		$x_8=3$	4.401***	81.532	1.69	7.113	
		$x_8=4$	5.357***	212.088	1.901	8.812	
		$x_9=1$	0.587*	1.799	−0.067	1.242	
		$x_9=2$	1.382***	3.983	0.844	1.919	
		$x_9=3$	−0.045	0.956	−0.666	0.575	
		$x_9=4$	0.707*	2.028	−0.01	1.425	

注：*、**、*** 依次表示显著性水平为 0.1，0.05，0.01 时显著。

农户对土地利用转型的外部因素及内部心理因素的 Logistic 回归结果如表4.11所示，平行线检验依旧能够通过，并且模型的所有变量都显著，因此不需要再做出受约束模型。回归结果中是否参加过相关培训 x_{10} 的系数为 -1.245，优势比 OR 为 0.288，说明没有参加过相关培训的农户认为土地利用转型政策好的可能性是参加了培训的农户的 0.288 倍，即参加了培训有利于得到有利的评价。同理分析是否看过相关政策宣传 x_{11}，因素的优势比为 0.671，即没有看过相关政策宣传的农户给出好的评价的可能性是看过宣传的农户的 0.671 倍。对于是否有迁移到城镇生活的意愿 x_{12}，优势比为 0.529，说明有迁移意愿的农户比没有迁移意愿的农户更倾向于认为土地利用转型的政策好。$x_{13}=1$、$x_{13}=2$ 的优势比分别为 10.196 和 2.824，可以认为对比于无论如何都不会退出土地承包经营权的农户，愿意无偿退出的农户给出好的评价的优势是其 10.196 倍，补偿合理就退出的农户的优势是其 2.824 倍。

表4.11　外部因素及内部心理因素的Logistic回归结果

			系数	OR	95% 的置信区间		平行线检验
					下限	上限	
外部因素及内部心理因素	β_0	n = 1	-7.049^{***}	0.001	-8.443	-5.656	229.906***
		n = 2	-5.372^{***}	0.005	-6.638	-4.107	
		n = 3	-2.219^{***}	0.109	-3.415	-1.023	
		n = 4	1.265^{**}	3.543	0.067	2.462	
	β_i	x_{10}	-1.245^{***}	0.288	-1.748	-0.742	
		x_{11}	-0.399^{**}	0.671	-0.788	-0.011	
		x_{12}	-0.636^{***}	0.529	-1.005	-0.267	
		$x_{13}=1$	2.322^{***}	10.196	1.706	2.938	
		$x_{13}=2$	1.038^{***}	2.824	0.553	1.524	

注：*、**、*** 依次表示显著性水平为 0.1，0.05，0.01 时显著。

对政策评价结果分析发现，"性别"和"是否是合作社成员"这两个组别的农户评价没有显著差异。受访的 501 人中，认为土地利用转型政策"非常差"的占比 1.8%，认为效果"差"的占比 6.6%，认为效果"一般"的占比 49.7%，认为效果"好"的占比 38.3%，认为效果"非常好"的占比 3.6%，即大部分农户认为土地利用转型的政策"一般"。

在土地利用转型的政策评价的影响因素探讨中，首先，在个人特征方面，对成效评价影响显著的因素有2个，分别是"年龄"和"是否是村干部"。村干部比非村干部对现有土地利用转型政策的评价更好。18~34岁、35~44岁、45~54岁和55~64岁每个年龄段农户依次对现有土地利用转型政策的评价越来越高，表明随着年龄增大，对土地利用转型政策持正面的态度。其次，在生产经营情况方面，对政策评价影响显著的因素有3个，分别是"家中从事农业劳动的人数""家中每亩土地的年收益"和"家中除农业外经营年收入"。家中从事农业劳动的人数为3人和4人的农户比家中有5人以上从事农业劳动的农户倾向于对现正推行的土地利用转型政策给出不好的评价。家中每亩土地的年收益越高的农户给出好的政策评价的可能性越大，但是当每亩土地年收益达到20000元以上时，对土地利用转型政策的评价反而最差。类似的，家中除农业外经营年收入在5000元以下和10000~20000元的农户相比较于收入在20000元以上的农户倾向于对现有土地利用转型的政策给出正面的评价，有可能是农户收入达到一定水平后，对现有推行的土地利用转型政策敏感度变得很低导致的。最后，在外部因素及内部心理特征方面，主要影响因素有4个，与之前土地利用转型的成效分析部分相比，只多出了一个影响因素"是否看到过'土地利用转型'的相关政策宣传"，看过相关政策宣传的农户更倾向于对现有土地利用转型政策给出较高的评价。所以，想要提高农户对土地利用转型政策的评价，可以从多方面着手进行改进，以上分析不难看出，现有土地利用转型政策的覆盖面较窄，需要做好相关政策的宣传工作，对农户进行培训，全方位解读土地利用转型的相关政策，让农户深入认识参与土地利用转型的优势。

4.2 农户对土地利用转型社会效益评价的影响因素作用分析

社会效益评价分析是为了探究农户对社会效益评价的作用因素及其作用方向，因素作用分析通过两个阶段考虑，第一阶段将受访人群分为认为"土地利用转型不能带来社会效益"和"土地利用转型能够带来社会效益"，第二阶段再考虑影响因素和农户认为带来的社会效益的大小，但是这一阶段只针对认为"土地利用转型能够带来社会效益"的农户。若不用分阶段模型，则也会考虑认为"土地利用转型不能带来社会效益"的农户对社会效益大小的判断，这样做的后果给估计带来了选择性的偏差，为了解决这个问题，本书采用Heckman两阶段估计模型。

在计量经济学和统计学领域中，主要问题是与需求和消费者行为有关的研究都没办法避免选择误差。选择误差一般与选择样本的方法有关，是指在选择观测样本值时产生的统计误差。Heckman 于 1974 年提出了样本选择模型，后来又进一步对模型估计方法进行了研究，在 1979 年提出可以用逆 Mills 比率（inverse mill's ratio）的二阶段分析法来修正离散选择中的选择误差，这个方法被称为 Heckman 修正（Heckman correction），又被称为二阶段 Heckman 模型（two-stage Heckman estimation）。

Heckman 模型包括两个方程，选择方程和结果方程。选择方程如

$$z_i^* = w_i'\gamma + \mu_i, \quad z_i = \begin{cases} 1 & z_i^* > 0 \\ 0 & z_i^* \leqslant 0 \end{cases} \tag{4.14}$$

选择方程中 z_i^* 代表受访者认为从事土地利用转型能够带来良好社会效益的概率，它由一系列因素解释。结果方程中的因变量是否可以被观测到取决于 z_i 的量（ z_i 的取值为 0 或 1），只有当 $z_i = 1$ 时，才可以被观测到。这样导致的后果是很可能会出现样本选择偏差。当偏差存在时，使用传统的普通最小二乘法（OLS）得到的结果方程的系数可能是无效的，而且标准差也是偏小的，也就是说，不完整的被观测变量在使用传统的普通最小二乘法得到的结果会产生误差。所以在第一阶段模型中估计得出逆米尔斯比率 $\hat{\lambda}$，作为第二阶段模型的修正参数，由下式获得：

$$\hat{\lambda}_i = \frac{\phi\left(w_i'\gamma \middle/ \sigma_0\right)}{\Phi\left(w_i'\gamma \middle/ \sigma_0\right)} \tag{4.15}$$

其中 $\phi\left(w_i'\gamma \middle/ \sigma_0\right)$ 为标准正态分布的密度函数， $\Phi\left(w_i'\gamma \middle/ \sigma_0\right)$ 为累积密度函数。

本书中 Heckman 模型用于农户对土地利用转型的社会效益评价，第二阶段只能观测到认为土地利用转型能够带来良好社会效益的农户，而观测不到认为土地利用转型不能带来良好社会效益的农户，即只考虑 $z_i = 1$ 的样本。此时的模型形式如：

$$y_i = x_i'\alpha + \lambda\beta + \varepsilon_i, \quad z^* > 0 \tag{4.16}$$

本书 Heckman 第一阶段模型以"土地利用转型能够带来社会效益"为解释变量，变量取值为 0 和 1，分别代表否与是。基于 Heckman 两个阶段估计的相关频数统计，受访农户中，认为土地利用转型能够带来社会效益的人数为 396 人，占 79%。第二阶段的解释变量为"土地利用转型能够带来多大的社会效应"，取值为 1、2、3、4、5，分别表示带来的"社会效益非常小""社会效益小""社会效益一般""社会效益大""社会效益非常大"。在这 396 人认为能够带来社会效益的农

户中，认为带来的"社会效益非常小"的人数为0；认为"社会效益小"的有3人，占比0.8%；认为"社会效益一般"的人数为210，占比53%；认为"社会效益大"的人数为156人，占比39.4%；认为"社会效益非常大"的为27人，占比6.8%。可以看出，大部分农户认为土地利用转型"社会效益一般"。

社会效益评价因素作用分析自变量包括农户个人特征、生产经营情况、外部及心理因素，各自变量解析如下：

1. 农户个人特征

性别：在性别上，虽然女性外出务工越来越多，但在农村家庭内部，倾向于男性外出务工而女性在家生产及照顾老幼，因此，不同性别的农户对土地利用转型社会效益的判断可能不同。

年龄：年龄越大，农户外出务工的可能性越低，从事农业的时间增加，其对土地的依赖也就可能越强，因此，越有可能倾向于认为土地利用转型能够带来社会效益。但是，当农户岁数到达一定程度后，体力开始下降，农户从事农业的时间减少，对土地的依赖可能随之降低，加之对熟悉土地情感上的依赖，可能会倾向于认为土地利用转型不能带来社会效益或者带来的社会效益不大。具体结论需要通过数据分析得到。

学历：一方面，农户学历越高，越有可能外出务工，其对土地的依赖性可能越低；另一方面，教育程度的提高有助于农户对土地利用转型重要性的感知度增强。因此，农户受教育程度越高越有可能倾向于土地利用转型能够带来社会效益。具体结论需要通过数据分析得到。

是否是村干部：作为村干部，对土地利用转型的接触可能更多，在实际土地利用转型实施过程中，村干部也可能相比普通农户具有优先选择权。此外，村干部对土地利用转型的认知很可能比普通农户全面，且其获得土地利用转型收益的可能性以及收益大小也可能比普通农户高。因此，村干部可能会倾向于认为土地利用转型能够带来社会效益或者带来的社会效益较大。具体结论需要通过数据分析得到。

是否是合作社成员：农民合作社是在农村家庭承包经营基础上，同类农产品的生产经营者或者同类农业生产经营服务的提供者、利用者，自愿联合、民主管理的互助性经济组织。我国加入WTO以后，农产品市场竞争越来越激烈，农产品质量、品质问题越来越多，中小农户的贫困问题越来越明显，因此从事农业的农户可能对农民合作社的热情较大，而农民合作社的农户也可能对土地利用转型具有更高的期待。

2. 生产经营情况

家中从事农业劳动的人数：家中从事农业劳动的人数越多，家庭对土地的依赖性可能越大，农户对土地利用转型可能持较保守态度。由于农业的弱势产业属性导致收益率低，家中从事农业劳动的人数越多则农业收入比例越高，家庭总收入必然越低，农户也可能期待土地利用转型能够改变现状。因此，该变量的影响不确定。

家中是否有抛荒土地：家中是否有抛荒土地反映了农户家庭实际耕种土地面积，实际耕地越多，农户从土地利用中获利越多，对土地利用转型可能持保守或积极态度。抛荒土地越多，农户家庭可能非农收入越乐观，对土地的依赖性较小，土地利用转型可能对其家庭收入的影响不大，这种类型的农户对土地利用转型社会效益的判断可能更大限度上基于土地利用转型带来的环境改善、基础设施建设、社会保障等方面。

家中每亩土地的年收益：每亩土地的年收益越高，农户对现行的土地利用越满意，农户投入土地利用转型的驱动力可能越小，其对土地利用转型产生社会效益的期待可能越低。但每亩土地的年收益高也可能正是源于土地利用转型带来的好处，农户对土地利用转型产生社会效益的期待也有可能更高。因此，该变量的影响未经数据分析也不能确定。

家中除农业外经营年收入：除农业外经营年收入越大，农户对土地的依赖越小，土地利用转型可能对其家庭收入的影响也不大。除农业外经营年收入越大，农户也可能对传统的土地利用形式越不看好，越期待土地利用转型。

3. 外部及心理因素

是否参加过相关培训：若农户有参加过土地利用转型相关培训，其对土地利用转型的认知可能越全面，在土地利用转型社会效益的判断上考虑的因素可能也越多。参加土地利用转型相关培训也反映了农户对土地利用转型的兴趣，这种类型的农户可能更期待土地利用转型带来社会效益。

是否看到过相关政策宣传：土地利用转型相关政策的宣传有助于农户更全面地了解土地利用转型及其可能带来的影响，但是农户对土地利用转型是否能够带来社会效益及带来社会效益的大小也与相关的政策能给农户带来多大的利好有关。

是否有迁移到城镇生活的意愿：农户如果有迁移到城镇生活的意愿，其有可能因为考虑到将离开可能无法享受土地利用转型带来的社会效益而对此持无所谓态度，也有可能更期待土地利用转型带来的利好以加快其迁移到城镇生活的步伐。

是否愿意退出土地承包经营权：农户愿意退出土地承包经营权，说明农户对目前的土地利用状况不满意，期待土地利用转型，因此，愿意退出土地承包经营权的农户可能更倾向于认为土地利用转型能够带来社会效益。

表4.12为农户对土地利用转型的Heckman两阶段回归结果。第一阶段估计所得的逆米尔斯比率为0.347，并且显著，说明确实存在样本自选择偏误，此处用Heckman模型是合理的。

表4.12　农户对土地利用转型的Heckman两阶段回归结果

解释变量	第一阶段 Probit 模型	第二阶段 OLS 估计
	系数	系数
X_1	−0.047	−0.102
X_2	0.046***	0.037***
X_3	0.118***	0.225
X_4	−0.079	−0.056***
X_5	−0.021	−0.143
X_6	−0.052***	−0.174**
X_7	−0.026	−0.486
X_8	0.008***	0.045**
X_9	−0.015	−0.043
X_{10}	−0.006	−0.086**
X_{11}	−0.103***	−0.145***
X_{12}	−0.008	−0.055
X_{13}	−0.170***	0.265
截距项	1.026***	3.950***
逆米尔斯比率（）	——	0.347***
Wald chi2	120.180***	

注：*、**、*** 依次表示显著性水平为 0.1，0.05，0.01 时显著。

Heckman 模型第一步的因变量是二值变量，参数估计值只能看出解释变量对因变量即农户认为土地利用转型能否带来社会效益的影响方向，不代表边际影响。见表 4.12，第一阶段的 Probit 模型显示影响农户认为"从事土地利用转型能否带来良好社会效益"的结果的因素有"年龄"X_2、"学历"X_3、"家中从事农业劳动的人数"X_6、"家中每亩土地年收益"X_8、"是否看到过相关政策宣传"X_{11} 和"是否愿意退出土地承包经营权"X_{13}，而"性别""是否是村干部""是否是合作社成员""家中是否有抛荒土地""家中除农业外经营年收入""是否参加过相关培训""是否有迁移到城镇生活的意愿"这 7 个变量不显著。"年龄""学历"与"家中每亩土地年收益"的回归系数为正值，表明影响为正向，该变量取值越大评价越好，即年龄越高的农户认为土地利用转型能够带来良好社会效应的概率越大，并且学历越高认为社会效益越良好的概率也越大，家中每亩土地年收益越大的农户同理。"家中从事农业劳动的人数"回归系数为负值，变量影响为负向，即该变量取值越小评价越好，表明从事农业劳动的人数越多越倾向于认为土地利用转型不能带来良好的社会效益。"是否看过相关政策宣传"和"是否愿意退出土地承包经营权"的影响皆为负向，因此认为看过政策宣传的农户认为土地利用转型能够带来良好社会效益的概率高，愿意无偿退出土地承包经营权的农户同理。

Heckman 模型第二步采用的是 OLS 法，估计系数表示解释变量对因变量即农户认为土地利用转型能够带来社会效益的边际影响。见表 4.12，第二阶段模型影响显著的因素为"年龄"X_2、"是否是村干部"X_4、"家中从事农业劳动的人数"X_6、"家中每亩土地年收益"X_8、"是否参加过相关培训"X_{10}、"是否看到过相关政策宣传"X_{11}，"性别""学历""是否是合作社成员""家中是否有抛荒土地""家中除农业外经营年收入""是否有迁移到城镇生活的意愿""是否愿意退出土地承包经营权"这 7 个变量不显著。"年龄""家中每亩土地年收益"回归系数为正值，表明这两个变量的影响为正向，即年龄越大越倾向于认为土地利用转型社会效益程度大，家中每亩土地年收益越高的农户对土地利用转型社会效益的评价越好。"是否是村干部""家中从事农业劳动的人数""是否参加过相关培训""是否看到过相关政策宣传"的回归系数是负值，表明这 4 个变量的影响为负向，即村干部更倾向于认为土地利用转型带来的社会效益程度大，家中从事农业劳动人数越多的农户越倾向于认为土地利用转型带来的社会效益程度小，参加过相关培训以及看到过相关政策宣传的农户对土地利用转型社会效益的评价好。参加过相关培训的农户倾向于认为土地利用转型社会效益程度大的结论与前文分析的农户对土地利用转型的成效评价和政策评价的结论相同。

Heckman 两阶段估计第二阶段与第一阶段相比，变量"年龄""家中从事农业劳动的人数""家中每亩土地年收益""是否看到过相关政策宣传"依然显著，并且影响方向没有变化。而"是否是村干部"X_4、"是否参加过相关培训"X_{10}只在第二阶段模型中显著，表明这两个变量对农户选择土地利用转型是否带来良好社会效益没有影响，对农户对土地利用转型的社会效益程度的选择有影响。

4.3　社会效益影响因素作用组合分析

土地利用转型社会效益分析包括土地利用转型与农户适应性分析和土地利用转型社会效益评价分析两个方面，根据 4.1 和 4.2 问卷结果分析，社会效益分析的因素作用组合分析如表 4.13 所示。

表4.13　社会效益分析的因素作用组合分析

序号	变量	土地利用转型与农户适应性分析		社会效益评价分析
		政策评价	成效评价	
1	性别（男）	\	\	\
2	年龄越大	越好	越好	越好
3	学历越高	\	\	\
4	是村干部	越好	越好	越好
5	是合作社成员	\	\	\
6	家中从事农业劳动人数越多	3～4人的最差	\	越差
7	家中有抛荒土地	\	\	\
8	家中每亩土地年收益越高	先提高后降低	先提高后降低	越好
9	家中除农业外经营年收入越高	越差	越差	\
10	参加过相关培训	越好	越好	越好
11	看到过相关政策宣传	越好	\	越好
12	有迁移到城镇生活的意愿	越好	越好	\
13	退出土地承包经营权的要求越高	越差	越差	\

分析表 4.13 可知，性别、学历、是否是合作社成员以及家中是否有抛荒土地并不会影响农户对土地利用转型的相关判断；年龄增长、村干部和参加过相关培

训都会对农户对土地利用转型的相关判断产生积极影响；家中从事农业劳动人数的多少会影响农户对土地利用转型政策和社会效益的判断但不会影响农户对土地利用转型成效的判断，且农户对政策的判断存在转折点；家中每亩土地年收益的多少会影响农户对土地利用转型的相关判断，除在社会效益之外的判断上都存在转折点，且转折一致；除农业外经营年收入的多少会影响农户对土地利用转型与农户适应性的判断但不会影响农户对社会效益的判断，且除农业外经营年收入越高越倾向于认为土地利用转型与农户适应性不好；看到过相关政策宣传会影响农户对土地利用转型政策和社会效益的判断但不会影响农户对土地利用转型成效的判断；有迁移到城镇生活的意愿的农户倾向于认为土地利用转型与农户适应性好，但这种意愿不影响他们对社会效益的判断；对退出土地承包经营权的要求越高的农户越倾向于认为土地利用转型与农户适应性不好，但他们在退出土地承包经营权态度上的差异并不影响他们对社会效益的判断。

通过上述分析可以得出以下结论：

（1）区域内大部分农户对土地利用转型的政策评价一般，对成效评价也一般，说明武汉城市圈已经实施或正在实施的土地利用转型与当地农户的适应性不是很好。农户对土地利用转型相关政策不是很满意，政策制定的针对性（比如说农户可能更希望土地利用转型的相关政策能改善生产收入，但实际上政策的作用侧重于村庄环境改善方面）不是很符合农户的期望；此外，政策产生的实际作用效果即成效也不是很好，说明相关政策没有得到有效执行，政策的作用没有得到充分发挥。

（2）区域内大部分农户认为土地利用转型能够带来社会效益，但他们中的大部分认为带来的社会效益一般，说明武汉城市圈大部分农户对土地利用转型本身持乐观态度，但对土地利用转型带来的社会效益没有很大的期待，也许土地利用转型带来的效益更多地表现在经济效益或其他方面，在社会效益方面还有待作为。

（3）区域内大部分农户认为土地利用转型与农户适应性不是很好，且其社会效益也一般，说明土地利用转型在因地制宜、因人制宜方面还有待提高，且其在武汉城市圈社会领域（农民保障、农村发展、社会和谐等）的贡献及政治积极影响上并不突出。

（4）是否是合作社成员并不会影响农户对土地利用转型的相关判断，说明土地利用转型没有对当地农民合作社的发展产生积极或消极的影响。

（5）家中是否有抛荒土地也不会影响农户对土地利用转型的相关判断，但抛荒土地的利用应该是区域土地利用的重点之一，这说明土地利用转型相关政策的制定或实施在抛荒土地的考虑上存在遗漏。

（6）农户年龄越大对土地利用转型的相关判断越乐观，而年轻农户对土地利用转型的相关评价较差且其参与土地利用转型的意愿也较小，这是亟待改善的一个现状，否则土地利用转型相关政策的推行会遇到较大的阻力。

（7）村干部和参加过相关培训都会对农户对土地利用转型的相关评价产生积极影响，而显然村干部和非村干部以及参加过相关培训和没有参加过相关培训的农户对土地利用转型的认识是存在差异的，这说明普通农户很可能对土地利用转型的政策以及带来的社会效益认识不够或者存在认识上的误区，这需要相关政策制定者及实施者加大土地利用转型的宣传和培训力度。这种积极影响也可能是因为现实中村干部在土地利用转型带来的好处上享受身份优越性或在土地利用转型上具有优先选择权。

（8）在对土地利用转型的政策判断和社会效益判断上，因变量相对于自变量"家中从事农业劳动的人数"存在转折点，家庭务农人数过多会降低农户对土地利用转型的认可，这提醒政策制定者在制定相关政策时需要特别留意家中务农人数多的家庭，注意公平性问题。

（9）在对土地利用转型的政策判断和成效判断上，因变量相对于自变量"家中每亩土地年收益"存在转折点，说明土地利用转型与家中每亩土地年收益处于特定区间（5 000～10 000）的农户的适应性最好。

（10）家中每亩土地年收益越高，农户对土地利用转型的社会效益评价越好，说明土地利用转型带来的社会效益也会推动土地收益的提高。

（11）土地利用转型带来的社会效益对土地收益的提高有推动作用，但土地利用转型与家中每亩土地年收益5 000～10 000元的农户的适应性最好，说明土地利用转型相关政策的制定考虑不周或有失公平。

（12）家中除农业外经营年收入的多少会影响农户对土地利用转型与农户适应性的判断但不会影响农户对社会效益的判断，说明土地利用转型如果政策制定合适且得到有效执行会提高农户的家中除农业外经营年收入，但对农户社会领域方面的改善作用不显著。

（13）家中除农业外经营年收入越高越倾向于认为土地利用转型与农户适应性不好，说明土地利用转型对家中除农业外经营年收入高的这部分农户没有产生多大的作用。

（14）有意愿迁移到城镇生活的意愿的农户倾向于认为土地利用转型与农户适应性好，说明土地利用转型在因人制宜上关注到了有迁移到城镇生活的意愿的群体并给予了政策上的侧重，或者说土地利用转型有助于农户迁移到城镇生活。

（15）对退出土地承包经营权要求越高的农户越倾向于认为土地利用转型与农

户适应性不好，这提醒政府可以从经济手段入手推动土地利用转型。

（16）是否有迁移到城镇生活的意愿不影响农户对社会效益的判断，说明土地利用转型对农户迁移到城镇生活没有太大的帮助。

4.4　本章小结

本章内容是农户视角下的农村土地利用转型社会效益影响因素作用分析，从农户个体出发，研究不同特征农户对社会效益的不同认知与评价，分析预测不同特征农户对农村土地利用转型存在与发展的支持程度。

在受访的501位农民中，大部分农民认为土地利用转型的成效和政策都一般。在土地利用转型的成效评价的影响因素探讨中，年龄越大的农民对土地利用转型的成效评价越好；村干部比非村干部更加倾向于对土地利用转型的成效给予好的评价；农民对土地利用转型的成效评价随着家中每亩土地年收益的升高有先提高后降低的趋势；家中除农业外经营年收入越低的农户越倾向于对土地利用转型的成效给出好的评价；参加过相关培训的农民比没有参加过相关培训的农民更倾向于对土地利用转型的成效给出好的评价；有迁移到城镇生活的意愿的农民对土地利用转型的成效评价比没有迁移到城镇生活的意愿的农民好；农民对退出土地承包经营权的要求越低越倾向于对土地利用转型的成效给出好的评价。

在土地利用转型的政策评价的影响因素探讨中，年龄越大的农民对土地利用转型的政策评价越好；村干部对土地利用转型的政策评价比非村干部好；家中从事农业劳动的人数3～4人对土地利用转型的政策评价最好；家中每亩土地年收益越高对土地利用转型的政策评价越好，但家中每亩土地年收益达到20 000元以上的农民对土地利用转型的政策评价反而最差；家中除农业外经营年收入越高的农民越倾向于对土地利用转型的政策给出不好的评价；参加过相关培训以及看到过相关政策宣传的农民比没有过的农民更倾向于对土地利用转型的政策给出好的评价；有迁移到城镇生活的意愿的农民对土地利用转型的政策评价比没有迁移到城镇生活的意愿的农民好；农民对退出土地承包经营权的要求越低越倾向于对土地利用转型的政策给出好的评价。

Heckman两阶段估计第一阶段分析结果显示79%的受访农民认为土地利用转型能够带来良好的社会效益。第一阶段的选择方程表明影响农民认为"参与土地利用转型能否带来良好社会效益"的主要因素为"年龄""学历""家中从事农业劳动的人数""家中每亩土地年收益""是否看到过相关政策宣传""是否愿意退出土地承包经营权"，年龄越大，学历越高，家中每亩土地年收益越高的农民越倾向于认为参与土地利用转型能带来良好的社会效益。家中从事农业劳动人数越多的家庭越不认可土地利用转型制度，提醒政策制定者在制定相关的转型政策时尤其需要注意公平性问题。第二阶段模型影响显著的因素为"年龄""是否是村干部""家中从事农业劳动的人数""家中每亩土地年收益""是否参加过相关培训""是否看过相关政策宣传"。年龄越大的农民越倾向于认为土地利用转型社会效益程度大；家中每亩土地年收益越高的农民越倾向于认为土地利用转型社会效益程度大；村干部对土地利用转型社会效益的评价比非村干部好；家中从事农业劳动人数越多的农民认为土地利用转型带来的社会效益程度越小；参加过相关培训以及看到过相关政策宣传的农民对土地利用转型社会效益的评价比没有过的农民好。第二阶段与第一阶段结果相比，"年龄""家中从事农业劳动的人数""家中每亩土地年收益""是否看到过相关政策宣传"依然显著，并且影响方向相同，而"是否是村干部""是否参加过相关培训"两个因素不影响农民对参与土地利用转型是否能够带来良好的社会效益的基本态度，只影响他们对社会效益大小的评价。

通过影响因素作用组合分析，得出土地利用转型相关政策的制定或实施在抛荒土地上存在遗漏、土地利用转型有助于农户迁移到城镇生活、推动土地利用转型需要加大政策宣传与培训力度、可以从经济手段入手推动土地利用转型等结论。

第5章 农户视角下土地利用转型社会效益综合评价体系构建

5.1 农村土地利用转型社会效益综合评价指标选取原则

社会效益评价的量化研究与经济效益研究一样，需要可供量化的指标体系，社会效益的分析一般以社会指标作为考察的最小因素。

"社会指标"的概念最早由美国学者雷蒙德·鲍尔提出。他认为社会指标是用来"判断社会在准则、价值和目标等方面的表现"的依据，是"作为具有普遍社会意义的社会状况的指数"，是对经济指标的"补充"和"扩大"，可以"在那些通常不易于定量测量或不属于经济学家专业范围的领域内，为我们提供有关社会状况的信息"。一般认为利用社会指标描述、解释、评价、监测等功能可以很好地描述和解释社会现象，评价社会规划和社会政策及其效果和影响，监测和预测社会发展目标和规划的实现情况并对需要解决的社会问题提出参考性意见和建议。

我国从 20 世纪 80 年代开始研究社会指标，逐渐构建了适应中国国情和社会发展的社会指标体系，但研究的目的过于政治化，虽然这样有利于社会指标与国家大政方针的协调，但研究成果难以积累，不利于相应研究的进步与发展。例如，2005 年，国家统计局课题组把社会和谐的指标体系分为民主法治、公平正义、诚信友爱、充满活力、安定有序、人与自然和谐相处。但是，随着和谐社会这一政治术语的进化，此研究结果将失去意义。因此，社会指标体系的确定应更多地考虑人类公认的和发展所必需的普遍性的原则。

农户视角下的农村土地利用转型社会效益评价也遵循社会评价的一般规律。首先对研究区域的土地利用转型所涉及的社会指标进行分析、取舍、解释，然后依据一定的原则体系化，最后建立研究区域土地利用转型的社会指标体系。需要强调的是，本章的社会效益评价是农户作为评价主体的社会效益评价，定量评价需要考虑数据的可得性，且基础数据必须来源于对农户的调查或统计资料。

　　构建农户视角下农村土地利用转型社会效益评价包括建立社会效益评价指标体系、量化和标准化评价指标、确定评价指标权重、建立社会效益评价模型、分析社会效益评价结果等步骤，其逻辑如图5.1所示。其评价指标的选取应充分考虑研究的客观性、科学性、公正性、有效性和全面性，因为指标的选取和指标体系的构建依赖并服务于研究内容、研究方法和研究目的。

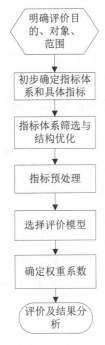

图 5.1　土地利用转型社会效益评价逻辑图

　　评价指标的选取应遵循以下四个基本原则。

　　（1）可操作性与科学性

　　土地利用转型社会效益评价指标的设置要注意评价指标数据的可得性，且指标要具有可测性和可比性，即在确保指标数据来源准确性的基础上，注意指标数据的可获得性和可量化性，从现有的统计资料中选取具有可操作性的指标。有些评价指标在理论上有很好的解释力，但在实际操作过程中难以获取。同时，尽可能选择便于操作的数据量化指标，避免其他因素对数据的分析产生影响。本书主要通过统计资料（《中国城市统计年鉴》《湖北省统计年鉴》和土地利用变更数据等）和调查问卷获取数据。

　　指标的科学性是指指标的定义、指标的选择、指标计算、指标权重系数的确定以及数据的调查、选取与计算要建立在科学的基础上。此外，评价指标体系在结构设计上要能科学反映评价指标之间、单个指标与子系统之间、子系统之间与子系统的联系，各指标都能准确反映评价目标。武汉城市圈土地利用转型社会效益评价应以科学理论为指导，确保数据的真实可靠性和统计分析的规范性，客观真实地反映其社会效益。

（2）层次性与系统性

武汉城市圈土地利用转型社会效益评价是一个多变量、多影响因素、多层次的系统，在构建评价指标体系时应尽可能全面综合地选取指标以系统地反映社会效益的各个方面，保证评价结果的客观性、有效性。同时，评价指标的选取要从层次上简化指标体系，即归类各种影响因素、厘清从属关系，使评价体系全面、清晰，这样既能消除指标间的相容性又可以保证评价体系的全面性。

（3）独立性与可比性

社会效益评价指标及其权重和度量是社会效益评价的具体体现，由于武汉城市圈土地利用转型社会效益的评价体系是内部相互联系、紧密的综合体，各指标层次间可能存在信息的重叠。因此，选取指标要具有较强的独立性和代表性，避免重复，减少各个评价指标之间的相关性。同时，评价指标应具有数量上和空间上的可比性，即能在不同时间范围及不同地区间进行比较。也就是说，在明确各指标的概念、计算范围、统计口径和计算方法的基础上，采用可比性较强的相对量指标与具有共性特征的可比指标，保证指标体系拥有较强的适用性。

（4）基础数据的可靠性与灵敏性

指标的基础数据可靠性是指所选评价指标不是主观臆造而是客观存在的，且指标具有明确的指示意义，有标准的测定方法和规范的统计方法，能反映武汉城市圈土地利用转型社会效益的内涵和大小。同时，为了了解各评价指标对评价结果的影响，要求评价指标对相关的变化具有灵敏性。

5.2 农户视角下农村土地利用转型社会效益综合评价指标体系的构建

5.2.1 评价指标初选

社会效益评价指标体系的初建包括评价指标的选取和指标体系结构的设计两方面的内容。评价指标的选取要充分考虑各指标的概念、计算范围（包括计算的总体范围界定、时空范围界定和标志内容界定)、计算方法和计量单位等。选取单个指标时，需要明确指标测量的目的、指标计算内容和计算方法等。评价指标体系的初选方法主要有综合法、分析法、目标层次法、交叉法和指标属性分组法5种。综合法是对已存在的一些指标群按一定的标准进行聚类，使之体系化，较多地应用在西方国家社会评价指标体系中，即在多个机构制定的指标体系基础上归类整理后得到目标指标体系。分析法是将指标体系的度量对象和度量目标划分成若干个不同组成部分或不同侧面，并逐步细分直到每一部分和侧面都可以用具体的统计指标描述和实现，这是一种最常用的指标体系初选方法，广泛应用于可持续发展评价指标体系、经济效益评价指标体系的构建中。目标层次法的主要步骤是：首先确定评价对象目标层，然后在目标层下建立准则层(一个或多个较为具体的分目标)，准则层则由更为具体的指标组成，从而形成指标体系，该方法主要应用于规划方案综合评价等指标体系的构建。交叉法是通过二维或多维的交叉派生出一系列的统计指标，从而形成指标体系的方法，主要应用于经济效益统计评价指标体系(如投入产出比)、社会经济科技协调发展评价指标体系等的构建。指标属性分组法是指从指标属性角度构思指标体系中指标的组成，如静态和动态的属性、相对数和绝对数的属性，主要用于失业状态评价指标体系等的构建。

上述五种评价指标体系的初选方法，各有优缺点：综合法克服了由于主观认识而造成的随意性，也综合了多种不同观点，但该方法是基于已有指标体系的归类研究，因而对于新的评价对象由于没有可以参考的指标体系而无法使用；分析法是通过对评价对象进行系统、科学的分析而生成的指标体系，集中反映了评价对象自身的特征属性，具有代表性，但是在分析过程中往往由于评价者自身知识结构、认识水平和模糊性等因素的影响而存在较大的主观性；分层法通俗易懂、计算简便、实用性强，而且目标结构的确定可以对指标之间的交叉重复有一定的限制作用，但是目标层和准则层的选择没有客观的依据，往往通过人们对评价问题的理解来决定，存在主观随意性；交叉法能体现出两种或多种要素之间的对比或协调关系，但是这种方法的应用范围有限；指标属性分组法思路清晰、目的明确且便于较为全面地构建指标体系，但是容易造成指标之间的重复，需要不断修改完善。基于本书的评价对象是社会效益，选择分析法进行指标体系的初选。根据指标选取的原则，应用文献、统计年鉴和问卷调查与访谈等方式获得数据，初步确定指标。

首先，梳理土地利用转型社会效益评价领域的相关文献，找出与社会效益有关的代表性观点。其次，通过查阅统计年鉴和实地调查获取数据，剔除数据不全的指标或者用代替类指标。比如，年鉴中的地区生产总值等指标，均为官方的统计数据，只统计到区域、区县，对镇以下各村尚未统计，也无法收集到各村村民消费指数等数据，因此参照农村居民人均生活消费支出指标。对于实地调查的数据，如各村征地比例等，由于官方没有要求各村单独统计，九成以上的村委会未对这些数据进行统计，因此要剔除此类数据。

综上，结合武汉城市圈区域特点和实地访谈，本书从"农村"和"农户"这两个角度出发，选用"社会秩序""社会保障""基础设施完备程度""居民的社会满足""居民生活质量"这五个准则，初步选取"土地纠纷案件的发生率""群体性事件发生率""因征地造成的农民上访率""征地补偿款发放程度""医疗保障提高程度""养老保障提高程度""劳动力就业增加程度""教育改善程度""粮食自给率""参加各种技能培训程度""供电提高程度""供水提高程度""农村基础设施增加率""居民对土地利用转型结果的满意度""居民对土地利用转型的参与程度""村庄景观面貌改善程度""村庄环境改善程度""居民空闲时间增加程度""农民人均年纯收入增量""农村居民人均消费支出""人均居住面积""生活质量改善程度"这22个指标作为初选指标。

5.2.2 评价指标筛选

在实际应用中，指标并非越多越好，一般原则是用尽量少的评价指标反映评价问题的本质。指标体系的筛选包括对单个指标的检验和对整个指标体系的检验两个层面。单个指标的检验着重于可行性、正确性和真实性，即指标变量的可获取性、计算方法的科学性和数据资料的可靠性；整个指标体系的检验着重于考察指标之间的一致性、整体齐备性和整体必要性。指标体系筛选常用的定量分析方法有专家法、聚类分析法、神经网络方法等。专家法是指将专家都认为不重要的指标及权重很小的指标剔除，再进行指标筛选。聚类分析法指按"指标聚类"的方式对指标进行归类，根据一定的选择标准（如指标相关性"阈值"）确定相应的分类数，从每类中选择代表性指标构成指标体系；计算类内的每个指标与其他指标，两两决定系数的均值，取其中最大者所对应的指标为类内指标的"典型指标"。神经网络方法是指计算各输入变量对输出变量的贡献率，将对输出变量相对贡献率大的输入指标作为筛选后的指标。

此处采用专家法进行指标的筛选，根据指标权重的大小决定指标的取舍，剔除一些权重较小的指标，具体操作如下：假设评价指标体系 $F = \{f_1, f_2, \cdots, f_n\}$，相应的权重集为 $\lambda = \{\lambda_1, \lambda_2, \cdots, \lambda_n\}$，其中，$\lambda_i \in [0, 1]$。当 $\lambda_i \leqslant \lambda_k$ 时，剔除该指标，否则保留该指标。决定指标取舍的权重大小标准取决于评价者及评价目标的复杂程度。一般来说，评价目标涉及因素多，取适当小的取舍权重；评价目标涉及因素少，取适当大的取舍权重。据此，最终确定的社会效益评价指标有14个，如表5.1所示。

表5.1 农户视角下武汉城市圈土地利用转型社会效益评价指标

	影响因素	指标	编号
农户视角下的农村土地利用转型社会效益评价	社会秩序	土地纠纷案件的发生率	1
		群体性事件发生率	2
	社会保障	医疗保障提高程度	3
		养老保障提高程度	4
		劳动力就业增加程度	5
		教育改善程度	6
	居民生活便利性	农村基础设施增加率	7
	居民社会满足	居民对土地利用转型结果的满意度	8
		居民对土地利用转型的参与程度	9
		村庄景观面貌改善程度	10
		村庄环境改善程度	11
	居民生活质量	农民人均年纯收入增量	12
		农村居民人均消费支出	13
		生活质量改善程度	14

针对上述14个社会效益评价指标，部分指标的解释与计算说明如下：

（1）农村基础设施增加率（%），反映乡村公共服务设施（社区服务与行政管理设施、社区文化体育设施、社区医疗卫生设施、教育设施、邮政及市政公共设施、商业服务设施等）提高的程度，利用基础设施用地面积比例计算。

$$农村基础设施增加率 = \frac{本期基础设施用地比例 - 基期基础设施用地比例}{基期基础设施用地比例}$$

$$基础设施用地比例 = \frac{各村所有公共服务设施的占地面积}{各村面积}$$

（2）农民人均年纯收入增量（%）。"纯收入"指的是农村居民当年总收入扣除获得收入所发生的费用后的收入总和，发生的费用主要指用于再生产的投入和当年生活消费支出。"农民人均纯收入"指的是按农村人口平均的"农民纯收入"。

$$农民人均年纯收入增量 = \frac{研究区农村居民家庭纯收入增加总量}{研究区农村居民家庭常住人口}$$

（3）农村居民人均消费支出（元），指农村居民用于满足家庭日常生活消费的全部支出，包括实物消费品的支出和服务性消费支出，是体现农村居民生活水平和质量的重要指标。

5.2.3 指标体系建立

农村土地利用转型社会效益评价具有宏观性和间接性等特点，宏观性体现在其重在分析农村土地利用转型对区域各项社会发展目标所做的贡献与产生的影响，而社会发展目标涉及社会各个生活领域；农村土地利用转型对社会整体发展既产生直接的效益，也产生间接的影响，但以间接效益为主，其社会效益是通过它与社会各环节之间的技术、经济联系和互相作用来实现的，尽管有时它产生的直接效益可能不太明显，但它产生的对区域的促进和人民生活质量的提高等间接效益是十分明显的，这是土地利用转型社会效益的主要表现。因此，本书基于此特点建立农户视角下的农村土地利用转型社会效益评价指标体系，该指标体系以间接效益为核心，重点对农村土地利用转型对区域促进与生活水平提高的影响进行评价。农户视角下的农村土地利用转型社会效益评价指标体系共分为3个层次，即一级评价指数（综合评价指标）、二级评价指数（分领域评价指标）、三级评价指数（单项细化评价指标）。最终建立包含5个二级评价指标，14个三级评价指标的农村土地利用转型社会效益评价指标体系，如表5.2所示。

表5.2　农户视角下农村土地利用转型社会效益评价指标体系

一级评价指标	二级评价指标	三级评价指标	说明
社会效益	社会秩序	土地纠纷案件的发生率	反映政府科学管理
		群体性事件发生率	反映政府科学管理
	社会保障	医疗保障提高程度	反映保障大众需要
		养老保障提高程度	反映保障大众需要
		劳动力就业增加程度	反映保障大众需要
		教育改善程度	反映保障大众需要

一级评价指标	二级评价指标	三级评价指标	说明
社会效益	居民生活便利性	农村基础设施增加率	反映人居环境
	居民社会满足	居民对土地利用转型结果的满意度	反映政府科学管理
		居民对土地利用转型的参与程度	与人素质有关的因素
		村庄景观面貌改善程度	反映人居环境
		村庄环境改善程度	反映人居环境
	居民生活质量	农民人均年纯收入增量	直接社会效益
		农村居民人均消费支出	直接社会效益
		生活质量改善程度	与人素质有关的因素

该指标体系可以形成综合评价指数，有利于从数量上把握农村土地利用转型社会影响的程度和状态，并有利于武汉城市圈内不同地区间社会影响程度的比较。此外，该指标体系的主要目的是，综合反映农村土地利用转型社会影响的"程度化"信息，分析存在的问题并提出相应对策。

5.3　本章小结

本章首先论述了农户视角下的武汉城市圈土地利用转型社会效益评价指标选取原则，即可操作性与科学性、层次性与系统性、独立性与可比性以及基础数据的可靠性与灵敏性。然后，通过分析法进行指标体系的初选，从"农民"和"农村"这两个角度出发，初步确定社会效益评价指标22个，并通过专家法进行指标的筛选，最终确定评价指标14个，即"社会秩序""社会保障""居民生活便利性""居民社会满足"和"居民生活质量"这5个核心领域的"土地纠纷案件的发生率""群体性事件发生率""医疗保障提高程度""养老保障提高程度""劳动力就业增加程度""教育改善程度""农村基础设施增加率""居民对土地利用转型结果的满意度""居民对土地利用转型的参与程度""村庄景观面貌改善程度""村庄环境改善程度""农民人均年纯收入增量""农村居民人均消费支出"以及"生活质量改善程度"指标,据此建立了包含1个一级指标、5个二级指标、14个三级指标的农户视角下的农村土地利用转型社会效益评价指标体系。

第6章　武汉城市圈土地利用转型社会效益综合评价

6.1　评价模型的确定

社会效益评价指标体系中间接效益指标较多，且选取的社会评价指标的数据大部分来源于调查问卷和实地访谈。鉴于此，本书采用多级模糊综合评价法进行土地利用转型社会效益的综合评价。多级模糊综合评价法是一种基于模糊数学的综合评标方法，它根据模糊数学的隶属度理论把定性评价转化为定量评价，即用模糊数学对受到多种因素制约的事物或对象进行总体评价。它集成了层次分析法和模糊综合评判法的优点，具有结果清晰、系统性强的特点，能较好地解决模糊的、难以量化的问题，适用于解决各种非确定性问题。

首先，根据建立好的评价指标体系，确定层次结构模型。指标体系为三级，因此采用二级模糊综合评价。然后，进行指标的无量纲化，借鉴 Fuzzy 自评判模型确定隶属度的方法，确定定量指标的隶属度。确定指标隶属度时，定性指标采用模糊统计法，数量化指标分为正向指标、适中指标与负向指标，需分别予以确定。最后，对最后一级评价指标的每个指标进行单层次评判，再将此评价结果综合起来，将上层评判结果当作评判矩阵，按照单层评判的方法评判，直至最后一层，即可得到最终评判结果。

6.2　评价模型的求解

社会效益多级模糊综合评价的主要步骤包括社会效益评价集的建立、社会效益影响因素权重集及隶属函数的确定、模糊算子的选择和社会效益评价结果的处理。社会效益评价集对社会效益的评价结果的集合，评语等级划分越细，社会效益评价结果越准确，但社会效益评价过程越烦琐。权重是表征社会效益影响因素相对重要性大小的表征度量值，确定权重的常用方法有相关系数法、德尔菲法、熵权法、最小平方法、层次分析法和均方差法等，其确定结果直接影响着社会效益综合评价结果。通过多级模糊综合评价，按照最大隶属度原则从得到的社会效益评语模糊子集结果中选择最大值对应的评语作为社会效益评价结果。

6.2.1 构建评价因素集合

在农户视角下武汉城市圈土地利用转型社会效益评价指标体系中，评价对象因素集合为

$$U = \{U_1, U_2, U_3, U_4, U_5\}$$
$$= \{社会秩序, 社会保障, 居民生活便利, 居民社会满足, 居民生活质量\}$$
$$U_1 = \{U_{11}, U_{12}\}$$
$$= \{土地纠纷案件发生率, 群体性事件发生率\}$$
$$U_2 = \{U_{21}, U_{22}, U_{23}, U_{24}\}$$
$$= \{医疗保障提高程度, 养老保障提高程度, 劳动力就业增加程度, 教育$$
$$改善程度\}$$
$$U_3 = \{U_{31}\}$$
$$= \{农村基础设施增加率\}$$
$$U_4 = \{U_{41}, U_{42}, U_{43}, U_{44}\}$$
$$= \{居民对土地利用转型结果的满意度, 居民对土地利用转型的参与程度,$$
$$村庄景观面貌改善程度, 村庄环境改善程度\}$$
$$U_5 = \{U_{51}, U_{52}, U_{53}\}$$
$$= \{农民人均年纯收入增量, 农村居民人均消费支出, 生活质量改善程度\}$$

6.2.2 建立评价集

评价集是评价等级的集合，农户视角下的武汉城市圈土地利用转型社会效益评价指标体系评价集为

$$V = \{V_1, V_2, V_3, V_4, V_5\} = \{A, B, C, D, E\}$$

根据评价集进行临界值的设定，农户视角下的武汉城市圈土地利用转型社会效益评价标准如表 6.1 所示。

表6.1　农户视角下的武汉城市圈土地利用转型社会效益评价标准

综合评估值	>90	75~90	60~75	40~60	<40
评判标准	A	B	C	D	E

6.2.3 确定指标权重

指标权重的确定方法主要有主观赋权法和客观赋权法，其中主观赋权法有两两比较法、德尔菲法、层次分析法等，客观赋权法有主成分分析法、熵值法、灰色关联度法、人工神经网络法等。两两比较法的缺点在于，当指标很多时，比较工作量较大；在评分时如果评分标准过粗，则结果不够准确，如果评分标准过细，又容易出现判断不一致的现象。德尔菲法适用范围广，不受样本是否有数据的限制，缺点是受专家知识、经验等主观因素影响，过程较烦琐；适用于不易直接量化的模糊性指标。层次分析法按系统的内在逻辑关系，针对同一层进行两两对比得到各因素的权重，对指标之间重要程度的分析更具逻辑性，再加上数学处理，可信度较大，缺点是各指标之间相对重要程度的判断有一定的主观性；适用于具有模糊性的指标或有样本数据的指标。主成分分析法用较少的新的数量指标因子代替原来较多的指标，有降维的作用，客观性强，避免了人为赋权所造成的偏差，缺点是新指标不可能完全反映原来指标的信息，有一定的偏差；适用于有数据的样本。熵值法计算结果可信度较大，自适应功能能强，但各指标间的联系不大；适用于具有数据的样本。灰色关联度法计算所需样本数据少，计算量小，计算结果精度高，但要求样本数据具有时间序列特性。

本书运用层次分析法求得不同层次指标的权重，采用1~9标度法分别构造判断矩阵，由平均值得到最后的判断矩阵。1~9标度法是将思维判断数量化的一种方法，首先，在区分事物时，人们总是用相同、较强、强、很强、极端强进一步细分事物，可以在相邻的两极之间插入折中的提法。因此，对大多数评价判断来说，1~9的标度是合适的。其次，心理学的实践表明大多数人对不同事物在相同属性上的分辨能力在1~9之间，因此对不同事物在相同属性上的区分采用1~9的标度是合适的，能够满足大多数人的判断需要。1～9标度表如表6.2所示。

表6.2　1~9标度表

标度值	两指标 (a_i, a_j) 相比较的重要程度
1	a_i 与 a_j 同等重要

续 表

标度值	两指标 (a_i, a_j) 相比较的重要程度
3	a_i 比 a_j 稍微重要
5	a_i 比 a_j 明显重要
7	a_i 比 a_j 强烈重要
9	a_i 比 a_j 极端重要
2、4、6、8	a_i 与 a_j 相比处于上述两判断之间
倒数	a_i 与 a_j 相比，a_j 比 a_i 的重要程度

根据最终确定的判断矩阵进行层次单排序及其一致性检验，求解判断矩阵的最大特征值 $\lambda_{\max}$ 及特征向量 W，标准化特征向量即同一层次中相应元素相较于上一层中某个因素重要性的权重。计算最大特征值 $\lambda_{\max}$ 及特征向量 W 的方法有"和积法"和"方根法"，此处采用使用较多的方根法。

进行层次单排序与一致性检验时，判断矩阵的一致性指标 C_1 为

$$C_1 = \frac{\lambda_{\max} - N}{N - 1} \quad (6.1)$$

其中，N 为判断矩阵的阶数。

随机一致性比率 C_R 为

$$C_R = \frac{C_1}{R_1} \quad (6.2)$$

其中，R_1 为随机一致性指标，各阶数判断矩阵对应的随机一致性指标如表 6.3 所示。

表6.3 R_1 值

阶数	1	2	3	4	5	6	7	8	9
R_1	0.000	0.000	0.580	0.901	1.120	1.240	1.320	1.410	1.450

若 $C_R < 0.1$，则判断矩阵满足一致性检验，否则重新构造判断矩阵，直至通过一致性检验。

通过层次单排序及一致性检验，可确定指标层的权重为

$$P_i = \left(p_{i1}, p_{i2}, \cdots, p_{ij} \right) \quad (6.3)$$

$$\sum_{j=1}^{6} p_{ij} = 1 \qquad (i = 1,2,3,4,5,6) \tag{6.4}$$

利用同一层次所有层次单排序的结果，可确定本层次所有元素对上一层次重要性的权重，即层次总排序。若 $C_R < 0.1$，层次总排序满足一致性，得到准则层的权重为

$$P = (P_1, P_2, P_3, P_4, P_5) \tag{6.5}$$

$$\sum_{i=1}^{5} P_i = 1 \tag{6.6}$$

因为本书所介绍的社会效益评价是基于农户视角的，农户作为土地利用转型社会效益评价的主体，不同于其他诸如土地利用转型的实施者、政府决策者、村集体等评价主体，所以其基础数据必须基于微观农户，利用农户调查问卷的打分数值获取计算权重的基础数据，调整后，得出二级权重集分别为

$$P = (P_1, P_2, P_3, P_4, P_5)$$
$$= (社会秩序, 社会保障, 居民生活便利, 居民社会满足, 居民生活质量)$$
$$= (0.185\,4, 0.217\,2, 0.192\,8, 0.205\,2, 0.199\,4)$$

从 P 中可以看出，农户视角下的武汉城市圈土地利用转型社会效益 5 个影响因素的重要性从大到小依次是：社会保障、居民社会满足、居民生活质量、居民生活便利、社会秩序。

三级指标权重分别为

$$P_1 = (土地纠纷案件发生率, 群体性事件发生率)$$
$$= (0.496\,9, 0.503\,1)$$

$$P_2 = (医疗保障提高程度, 养老保障提高程度, 劳动力就业增加程度, 教育改善程度)$$
$$= (0.256\,6, 0.273\,2, 0.267\,5, 0.202\,7)$$

$$P_3 = (农村基础设施增加率) = (1)$$

$$P_4 = \begin{pmatrix} 对转型结果的满意度, 土地利用转型的参与度, 村庄景观面貌改善程度, \\ 村庄环境改善程度 \end{pmatrix}$$
$$= (0.275\,4, 0.209\,7, 0.252\,9, 0.262\,0)$$

$$P_5 = (农民人均年纯收入增量, 农村居民人均消费支出, 生活质量改善程度)$$
$$= (0.363\,3, 0.305\,1, 0.331\,6)$$

6.2.4 确定评价指标的隶属度

在进行多级模糊综合评价前应先确定各评价指标的隶属度，主要方法有两种：一种是模糊统计法，由专家群体判断指标所属的等级，然后统计每一指标隶属于

各等级的频数，各频数与专家总数的比值，作为各指标值的隶属度；另一种是图函数法，一般设隶属函数为线性函数，建坐标图，横轴为指标值，纵轴为隶属度，有 m 个等级，就设 m 条折线，分别代表各等级的隶属函数。

对于定性指标，如医疗保障提高程度、养老保障提高程度、劳动力就业增加程度、村庄环境改善程度、居民生活质量改善程度等，本书采用模糊统计法确定其隶属度。本书研究的是农户视角下的土地利用转型社会效益评价，因此让参与评价的农户按事先给定的评价集 V 为各个评价指标划分等级，再依次统计各个评价指标 U_{ij} 属于各个评价等级的频数，通过频数可计算出评价因素隶属于各评价等级的隶属度。

对于定量指标，通常可以分为三种情形："越大越好型""越小越好型""越接近越好型"。如粮食自给率、农民人均年纯收入增量为"越大越好型"指标，人均生活用水量为"越接近越好型"指标。计算定量指标隶属度的方法如下：

"越大越好型"指标的隶属度为

$$U_{ij}^q = \begin{cases} 0 & (U_{ij} < V_q) \\ \dfrac{U_{ij} - V_q}{V_{q+1} - V_q} & (V_q \le U_{ij} < V_{q+1}) \\ 1 & (U_{ij} \ge V_{q+1}) \end{cases} \tag{6.7}$$

"越小越好型"指标的隶属度为

$$U_{ij}^q = \begin{cases} 1 & (U_{ij} \le V_q) \\ \dfrac{V_{q+1} - U_{ij}}{V_{q+1} - V_q} & (V_q < U_{ij} \le V_{q+1}) \\ 0 & (U_{ij} > V_{q+1}) \end{cases} \tag{6.8}$$

"越接近越好型"指标的隶属度为

$$U_{ij}^q = \begin{cases} 0 & (U_{ij} > V_{q+1}, U_{ij} < V_q) \\ \dfrac{2 \times (U_{ij} - V_q)}{V_{q+1} - V_q} & (V_q \le U_{ij} < V_q + \dfrac{V_{q+1} - V_q}{2}) \\ \dfrac{2 \times (V_{q+1} - U_{ij})}{V_{q+1} - V_q} & (V_q + \dfrac{V_{q+1} - V_q}{2} \le U_{ij} \le V_{q+1}) \end{cases} \tag{6.9}$$

经计算，农户视角下的各评价指标的隶属度如表 6.4 所示。

表6.4 农户视角下的各评价指标隶属度

指标	评价等级				
	V_1	V_2	V_3	V_4	V_5
土地纠纷案件的发生率	0.04	0.21	0.23	0.45	0.07
群体性事件发生率	0.01	0.06	0.16	0.54	0.23
医疗保障提高程度	0	0.33	0.18	0.32	0.17
养老保障提高程度	0	0.23	0.37	0.28	0.12
劳动力就业增加程度	0.01	0.16	0.53	0.25	0.05
教育改善程度	0.09	0.29	0.49	0.12	0.01
农村基础设施增加率	0.10	0.48	0.31	0.09	0.02
居民对土地利用转型结果的满意度	0.02	0.26	0.60	0.08	0.04
居民对土地利用转型的参与度	0.01	0.32	0.54	0.08	0.05
村庄景观面貌改善程度	0.07	0.64	0.19	0.09	0.01
村庄环境改善程度	0.03	0.58	0.18	0.17	0.04
农民人均年纯收入增量	0.01	0.50	0.31	0.15	0.03
农村居民人均消费支出	0.02	0.47	0.36	0.14	0.01
生活质量改善程度	0.05	0.42	0.36	0.14	0.03

6.2.5 综合评价

根据表 6.4 得出指标层各指标对应的模糊关系矩阵 R_i（$i=1,\cdots,5$）为

$$\boldsymbol{R}_1 = \begin{bmatrix} 0.04 & 0.21 & 0.23 & 0.45 & 0.07 \\ 0.01 & 0.06 & 0.16 & 0.54 & 0.23 \end{bmatrix}$$

$$\boldsymbol{R}_2 = \begin{bmatrix} 0 & 0.33 & 0.18 & 0.32 & 0.17 \\ 0 & 0.23 & 0.37 & 0.28 & 0.12 \\ 0.01 & 0.16 & 0.53 & 0.25 & 0.05 \\ 0.09 & 0.29 & 0.49 & 0.12 & 0.01 \end{bmatrix}$$

$$\boldsymbol{R}_3 = \begin{bmatrix} 0.10 & 0.48 & 0.31 & 0.09 & 0.02 \end{bmatrix}$$

$$\boldsymbol{R}_4 = \begin{bmatrix} 0.02 & 0.26 & 0.60 & 0.08 & 0.04 \\ 0.01 & 0.32 & 0.54 & 0.08 & 0.05 \\ 0.07 & 0.64 & 0.19 & 0.09 & 0.01 \\ 0.03 & 0.58 & 0.18 & 0.17 & 0.04 \end{bmatrix}$$

$$R_5 = \begin{bmatrix} 0.01 & 0.50 & 0.31 & 0.15 & 0.03 \\ 0.02 & 0.47 & 0.36 & 0.14 & 0.01 \\ 0.05 & 0.42 & 0.36 & 0.14 & 0.03 \end{bmatrix}$$

一级综合评价模型为：

$$D = P_i R_i = \begin{bmatrix} D_1 \\ D_2 \\ D_3 \\ D_4 \\ D_5 \end{bmatrix} = \begin{bmatrix} P_1 R_1 \\ P_2 R_2 \\ P_3 R_3 \\ P_4 R_4 \\ P_5 R_5 \end{bmatrix} \qquad (6.10)$$

$D_1 = P_1 R_1 = (0.024\,9, 0.134\,5, 0.194\,8, 0.495\,3, 0.150\,5)$

$D_2 = P_2 R_2 = (0.020\,9, 0.249\,1, 0.388\,4, 0.249\,8, 0.091\,8)$

$D_3 = P_3 R_3 = (0.10, 0.48, 0.31, 0.09, 0.02)$

$D_4 = P_4 R_4 = (0.033\,2, 0.452\,5, 0.373\,7, 0.106\,1, 0.034\,5)$

$D_5 = P_5 R_5 = (0.026\,3, 0.464\,3, 0.341\,8, 0.143\,6, 0.023\,9)$

D_1、D_2、D_3、D_4、D_5反映出社会效益评价影响因素层中的各指标的强弱程度。根据最大隶属度原则，"社会秩序"的评价等级为"D"，"社会保障"的评价等级为"C"，"居民生活便利性"的评价等级为"B"，"居民社会满足"的评价等级为"B"，"居民生活质量"的评价等级为"B"。

对指标层的各评价指标作出评价后，对上层各影响因素进行二级模糊综合评价，得出评价矩阵 B 为

$$B = PD = \begin{bmatrix} b_1 & b_2 & b_3 & b_4 & b_5 \end{bmatrix} \qquad (6.11)$$

若评价结果 $\sum_{i=1}^{5} b_i \neq 1$，对结果进行归一化处理，得到 B^*，并计算 S 为

$$S = B^* C^T \qquad (6.12)$$

其中，C 矩阵有评价集 V，取值为各评价等级临界值的中值，S 为农户视角下的武汉城市圈土地利用转型社会效益综合评价结果。

$$B = PD = \begin{bmatrix} 0.040\,5 & 0.357\,0 & 0.325\,1 & 0.213\,8 & 0.063\,6 \end{bmatrix}$$

$$S = B^* C^T = \begin{bmatrix} 0.040\,5 & 0.357\,0 & 0.325\,1 & 0.213\,8 & 0.063\,6 \end{bmatrix} \begin{bmatrix} 95.5 \\ 83 \\ 68 \\ 50 \\ 19.5 \end{bmatrix} = 67.5$$

根据 6.2.2 节中表 6.1 的社会效益评价标准，67.5 位于（60，75）区间，可以判定农户视角下的武汉城市圈土地利用转型社会效益为等级"C"。

6.3 综合评价结果分析

由三级指标权重分析可知，"社会秩序"二级指标下的"群体性事件发生率"权重最大，"社会保障"二级指标下的"养老保障提高程度"权重最大，"居民社会满足"二级指标下的"居民对土地利用转型结果的满意度"权重最大，"居民生活质量"二级指标下的"农民人均年纯收入增量"权重最大。由二级指标权重分析可知，"社会效益"指标下的"社会保障"权重最大，其余二级指标权重从大到小依次是"居民社会满足""居民生活质量""居民生活便利性"和"社会秩序"。可以看出，武汉城市圈农户最看重土地利用转型对社会保障领域的影响，尤其是土地利用转型对其中养老保障的改善作用。因此，土地利用转型实施中要尤其注意农户的养老保障问题。

由社会效益评价模型各指标隶属度分析可知，依据表6.1的"A""B""C""D""E"五级评判标准，二级指标中"社会秩序"的评价等级为"D"，"社会保障"的评价等级为"C"，"居民生活便利性"的评价等级为"B"，"居民社会满足"的评价等级为"B"，"居民生活质量"的评价等级为"B"。可以看出，土地利用转型对"社会秩序"的影响较弱，在"居民社会满足"方面取得了较好的成绩。因此，武汉城市圈农村土地利用转型实施中可能存在土地纠纷、群体事件等问题，反映政府在科学管理上存在不足之处，但土地利用转型在改善当地农户人居环境等方面产生了积极的影响。

武汉城市圈土地利用转型社会效益综合评价结果在百分制标准下得分为67.5，为表6.1五级评判标准中的"C"，即农户认为武汉城市圈土地利用转型社会效益整体情况一般，尤其是对"社会秩序"的评价拉低了整体评价水平，而农村土地利用转型中的"社会秩序"问题一般是土地纠纷或对征地补偿不满引发的群体性事件，因此在当地土地利用转型中要注意纠纷调解的及时性和有效性。

总的来说，武汉城市圈土地利用转型在农户所关注的"社会效益"方面都取得了一定的成绩，有些方面的成绩较好，但有些方面还存在问题。随着土地利用转型的推进，农户视角下的社会效益评价指标的权重可能会发生相应的变化，例如"居民社会满足"可能随着社会的进步越来越重要，土地利用转型过程中应逐步做好民生工程，满足农户的各种合理需求。需要强调的是，本书所得的土地利用转型社会效益判定是一个综合评价结果，武汉城市圈不同地区经济发展水平不同，在经济落后地区，农户可能更关注土地利用转型对年纯收入增量、消费支出等影响生活质量的因素的改善作用，这些区域的土地利用转型实施需要向改善居民生活质量上倾斜。

6.4 本章小结

本章重点介绍了社会效益综合评价模型的确定与求解。根据评价目标、评价指标体系和数据特征，构建了多级模糊综合评价模型，对武汉城市圈农村土地利用转型社会效益进行综合评价，模型求解包括构建评价因素集合、建立评价集、权重求解、隶属度求解、综合评价等步骤，得出武汉城市圈土地利用转型社会效益一般，且土地利用转型在"社会秩序"领域的成绩较差，在"社会保障"领域的成绩一般，在"基础设施完备程度""居民社会满足""居民生活质量"这些领域取得了较好的成绩。根据指标隶属度分析可以看出，武汉城市圈农户最看重土地利用转型在"社会保障"领域的社会效益，其次依次是"居民社会满足""居民生活质量""居民生活便利""社会秩序"等领域的社会效益。随着土地利用转型的推进，农户视角下的社会效益评价指标的权重可能会发生相应的变化，不同时期将会有不同的社会效益综合评价结果。

第7章　基于评价结果的武汉城市圈土地利用转型社会补偿标准测算

7.1　农村土地利用转型社会效益评价与社会补偿耦合关系

7.1.1　农户社会补偿方式的确定

土地利用转型社会补偿是社会补偿理论在土地利用转型实施中的运用，是对土地利用转型带来的社会影响进行的治理、恢复或所给予的资金扶持、财政补贴、税收减免、政策优惠等。我国农村土地除了具有为农户提供食物的经济职能以外，还兼有就业岗位、收入来源和社会保障等社会职能，有且只有合理补偿土地社会职能的补偿标准才能保障失地农民生活质量和收入水平，而这也是农户愿意接受的补偿标准。本书社会补偿是指对土地的社会职能进行补偿。我国现行的社会补偿方式有资金补偿、政策补偿、实物补偿、项目补偿、智力技术补偿等，而不同的补偿方式也可以组合形成新的补偿方式。其中，资金补偿是最为常见、最为直接的补偿形式，它又可以表现为多种形式，如补偿金或补助金、税费优惠、低息或贴息信贷优惠、补贴和转移支付等。政策补偿是中央政府补偿，受补偿者以利用这种政策优惠而受益的方式得到补偿，如制定优惠的土地产权政策。这种利用制度资源和政策资源实施补偿的方式是一种非常重要的方式，特别是在补偿者资金十分贫乏、经济比较薄弱的情况下，这种方法更为切实有效。同时，政策补偿具有政策方向性强、目标明确、容易启动等特点，但政策补偿有其难以克服的局限性，包括体制不灵活、标准难以确定、管理和运作成本高、政府财政压力大等。实物补偿是运用物质和其他生产生活要素所进行的补偿，这种补偿可以提高这些实物的利用效率，使在别处闲置的实物得到充分利用。项目补偿是指通过在农村投资举办土地利用转型项目（如基础设施建设）以减轻当地财政压力的方式实现的补偿方式。智力补偿是指免费或以优惠的形式为受偿农户提供技术咨询、技术指导等，为受偿地区培养、培训或输送技术和管理人才，以提高受偿者生产管理水平和各种技术能力。

基于上述社会补偿方式分析以及对武汉城市圈农户的调查，本书选择资金补偿方式进行社会补偿。与政策补偿机制相比，资金补偿具有补偿灵活、管理和运行成本较低、适用范围广泛等特点。同时，农户作为资金相对贫乏、经济比较薄弱的群体，资金补偿可能更为切实有效，且调查发现他们对资金补偿的意愿也较高。另外，资金补偿方式可以结合政策补偿、智力补偿等方式进行，如改善养老保障、对农户进行相关培训等。

确定社会补偿标准主要有核算法、协商法两种。核算法是以社会影响和社会服务功能价值评估核算为基础确定社会补偿标准的方法；协商法则是利益相关者就一定的社会补偿范围协商同意而确定社会补偿标准的方法。核算法确定社会补偿标准需要针对正外部性和负外部性两种不同的情景开展，其基础主要包括参与土地利用转型者的投入、参与土地利用转型者的获利、土地破坏的恢复成本、土地利用转型的社会服务价值等，在实施不同的土地利用转型或补偿对象不同的情况下，确定的社会补偿标准是不一样的。核算补偿标准有两种思路：一是土地利用转型服务功能价值评估，如村庄环境改善；二是机会成本的损失核算，如开发建设行为会使农户的生产和生活方式受到很大的影响，会造成机会成本的损失，如退耕还林会直接造成农民粮食收入的减少、劳动力的剩余等。第一种思路估算较困难，估算结果可能与农户收入有数量级的差别，难以直接作为补偿依据，而对于机会成本的损失进行核算的思路则相对可以接受，这种补偿是相对于损失而言的，因此本书采用第二种思路。

7.1.2 社会效益评价与社会补偿耦合关系

（1）社会效益评价内容的完整性需要引入社会补偿

土地利用转型社会效益评价有利于控制土地利用转型的社会影响，但是即使土地利用转型社会效益评价结果较好，社会影响也在可控范围内，并不能代表土地利用转型的实施中相关方都已尽到责任。由于土地利用转型已经产生了社会影响，在将来的实施中还将继续对相关的农户和当地农村产生影响，如征地开发建设者除了应该消除或减缓开发建设对村庄环境带来的负面影响，还应承担开发建设项目所在地及影响所涉及区域中受到影响的人群因项目开发所受损失和为消除这些负面影响付出的代价。以建设项目社会效益评价为例，除研究开发建设活动的直接影响外，还应研究其间接影响；除研究对村庄的影响外，还应研究对农户的影响，并包含对农户的社会补偿。基于这样的社会效益评价才是完整意义上的社会效益评价。

（2）社会效益评价影响因素的识别与社会补偿范围确定

土地利用转型社会效益评价影响因素的识别，是对土地利用转型全过程的识别。转型前期、转型期以及转型后期的影响因素可能不同，依据前文社会效益评价的社会秩序、社会保障、居民生活便利性、居民社会满足、居民生活质量这五个准则，如转型前期可能对社会秩序方面的影响相对较大，转型期可能对居民生活便利性和生活质量的影响相对较大，转型后期可能对社会保障方面的影响相对较大。不同阶段土地利用转型主要受影响的农户群体会有所差异，同一农户对不同阶段的土地利用转型也会有不同的社会补偿期望。以宅基地转变为建设用地为例，项目建设准备阶段主要是农户的拆迁工作，如拆迁款的发放、拆迁安置，农户对拆迁工作的满意程度会影响其对土地利用转型社会效益的评价，其社会补偿范围包括对农户房屋的补偿、土地的机会成本的补偿等；项目建设阶段会对村庄环境产生影响，如噪声污染、粉尘污染等，农户对生活质量改善方面的评价会影响其对土地利用转型社会效益的评价，其社会补偿范围包括土地利用转型对村庄环境影响的补偿等；项目建设完成后，可能对当地村庄产生积极或消极的社会影响（如建设工厂对当地就业产生积极影响，但也可能给村庄带来污染），其社会补偿范围可能侧重于居民社会满足等方面。

（3）社会效益评价影响对象的识别与社会补偿对象确定

土地利用转型社会效益评价影响对象的识别，是对土地利用转型社会效益评价受体的识别。识别作用主体即土地利用转型可能作用到的农户类型，如土地利用转型对不同性别、不同年龄等不同特征的农户的作用可能不同。通过影响对象的识别，可以初步判定土地利用转型可能的影响对象，也可以初步确定拟实施社会补偿的对象即受体范围。

（4）社会效益的判定与社会补偿标准的确定

由前文可知，土地利用转型社会效益的判定包括是否能够带来社会效益的判定和能够带来社会效益的程度的判定，社会效益评价确定的社会影响的范围、程度可以为确定社会补偿的对象、范围提供背景和参照；社会效益评价分析结果也可以为社会补偿金和补偿标准的确定提供基础数据资料。

7.2 农户参与土地利用转型的社会补偿标准测算

7.2.1 武汉城市圈农户征地补偿现状分析

通过对武汉市江夏区郑店、咸宁市莲花塘村、鄂州市泽林镇泽林村、黄冈市红安县火连畈村的实地调查访谈发现，武汉市从总体补偿看征地补偿标准随时间的推移而逐渐提高，但补偿标准单一，仍以单一货币补偿为主，有社会保障或低保的占少数；从征地的用途看，主要以工业用地为主，征地后用途对补偿标准的高低并没直接影响。对同村不同农户而言，也有很多补偿不统一，除与土地用途有关外，还与当地参与征地的利益方有关。调查中，不少农户反映，征地过程缺乏透明度，补偿款被村干部或其他人假借投资等名义私藏腰包，且不同村民得到补偿也不同，其中还多与黑社会势力有关。而鄂州市、黄冈市、咸宁市的征地补偿额度也随着时间的推移而逐渐提高，而从征地用途来看，工业用地比商品房用地征地补偿额度略高，基础设施用地的征地补偿相比于其他用途的补偿额度要小，且同村不同户的农户征地补偿也有一定的差异。

需要说明的是，征地补偿额度随着时间的推移而逐渐提高不仅与 GDP 的提高有关，也与武汉城市圈征地标准的改变有关。2014 年 4 月 1 日之后，武汉城市圈实施的是鄂政发〔2014〕12 号文件的征地补偿标准；2009 年 12 月 1 日至 2014 年 3 月 31 日，武汉城市圈征地补偿是按照 2009 年 10 月 4 日下发的鄂政发〔2009〕46 号文件的补偿标准来实施；2005 年 4 月 1 日至 2009 年 11 月 30 日期间武汉城市圈实施的是湖北省人民政府于 2005 年发布的鄂政发〔2005〕11 号文件中规定的标准。

7.2.2 武汉城市圈农户参与土地利用转型意愿及其影响因素

1. 农户对土地利用转型的参与意愿的描述统计分析

农户对土地利用转型的参与意愿属于二分类变量，取值为 0 表示不愿意参与，取值为 1 表示愿意参与。图 7.1 为频数统计图。受访的 501 人中，不愿意参与土地利用转型的有 75 人，占比 15%；愿意参与的人数为 426，占比 85%。

表 7.1 为不同个人特征的农户对土地利用转型的参与意愿的频数统计，分别为不同性别、不同年龄、不同学历、是否是村干部和是否是合作社成员。

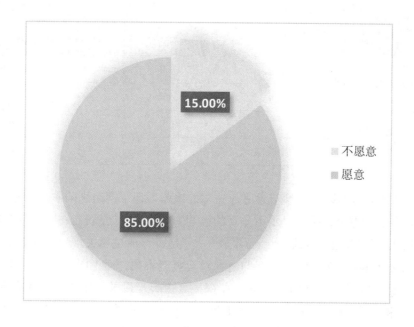

15.00%

■ 不愿意
■ 愿意

85.00%

图 7.1 农户参与土地利用转型意愿的百分比统计图

表7.1 不同特征农户对土地利用转型的参与意愿的频数统计

		不愿意	愿 意	合 计
性别	男	33	231	264
	女	42	195	237
年龄	小于 18 岁	0	3	3
	18～24 岁	18	36	54
	25～34 岁	12	48	60
	35～44 岁	24	156	180
	45～60 岁	12	141	153
	大于 60 岁	9	42	51
学历	小学及以下	21	114	135
	初中	15	147	162
	高中及以上	39	165	204

续　表

		不愿意	愿　意	合　计
是否是村干部	是	9	39	48
	否	66	387	453
是否是合作社成员	是	9	51	60
	否	66	375	441

　　表7.2为影响因素与参与意愿的独立性检验，即不同组别的农户的参与意愿是否存在显著差异，结果显示不显著的因素为"性别""是否是村干部""是否是合作社成员""家中除农业外经营年收入""是否参加过相关培训"这五个方面，可以认为这些组别的农户对于参与意愿没有显著不同，而不同年龄、不同学历的农户对于土地利用转型的参与意愿存在显著差异，以及"家中从事农业劳动的人数""家中是否有抛荒土地""家中每亩土地的年收益""是否看过相关政策宣传""是否有迁移到城镇生活的意愿""是否愿意退出土地承包经营权"这些变量都会显著影响农户参与土地利用转型的意愿。

表7.2　影响因素的独立性检验结果

	影响因素	Pearson	似然比	Kendall's tau
个人特征	性别 X_1	2.675	2.673	−0.073
	年龄 X_2	22.797***	21.221***	0.127***
	学历 X_3	6.944**	7.307**	−0.056
	是否是村干部 X_4	0.596	0.313	0.034
	是否是合作社成员 X_5	0.001	0.001	0.001
生产经营情况	家中从事农业劳动的人数 X_6	12.325**	10.948*	−0.067
	家中是否有抛荒土地 X_7	5.103**	4.510**	−0.101**
	家中每亩土地的年收益 X_8	19.840***	16.421***	0.012
	家中除农业外经营年收入 X_9	1.352	1.387	0.022

	影响因素	Pearson	似然比	Kendall's tau
外部及心理因素	是否参加过相关培训 X_{10}	2.129	2.315	−0.065*
	是否看到过相关政策宣传 X_{11}	10.729***	10.313***	−0.146***
	是否有迁移到城镇生活的意愿 X_{12}	3.494*	3.029*	−0.084*
	是否愿意退出土地承包经营权 X_{13}	46.709***	40.365***	−0.182***

注：*、**、*** 依次表示显著性水平为 0.1，0.05，0.01 时显著。

2. 农户对土地利用转型参与意愿的 Probit 模型

本书研究认为农户对土地利用转型的参与意愿会影响农户对土地利用转型社会补偿标准的期望大小，因此本节主要探究影响农户土地利用转型参与意愿的因素，主要包括前文所涉的个人因素（性别、年龄、学历、是否是村干部、是否是合作社成员）、生产经营情况（家中从事农业劳动的人数、家中是否有抛荒土地、家中每亩土地的年收益、家中除农业外经营年收入）、外部及心理因素（是否参加过相关培训、是否看到过相关政策宣传、是否有迁移到城镇生活的意愿、是否愿意退出土地承包经营权）。采用的是 Probit 模型，首先依旧将全部变量导入模型得到全模型，然后根据显著性进行受约束模型回归，结果如表 7.3 所示，两个模型的 LR 检验都在 0.01 的显著性水平下通过，说明模型构建合理。

表7.3　Probit模型回归结果

步骤	变　量	β	95% 置信区间	
			下　限	上　限
全模型	X_1	−0.246	−0.534	0.042
	X_2	0.227***	0.081	0.374
	X_3	0.088	−0.113	0.288
	X_4	0.314	−0.164	0.792
	X_5	0.349	−0.135	0.833
	X_6	0.017	−0.123	0.156
	X_7	−0.498**	−0.879	−0.117

续 表

步骤	变 量	β	95% 置信区间	
			下 限	上 限
全模型	X_8	−0.169	−0.407	0.068
	X_9	0.076	−0.044	0.197
	X_{10}	−0.149	−0.584	0.285
	X_{11}	−0.369**	−0.690	−0.047
	X_{12}	−0.075	−0.381	0.232
	X_{13}	−0.367***	−0.621	−0.114
	常量	−0.246*	−0.534	0.042
	Log likelihood	−188.343	LR chi2	46.35***
受约束模型	X_2	0.171***	0.044	0.297
	X_7	−0.486***	−0.823	−0.150
	X_{11}	−0.323***	−0.615	−0.032
	X_{13}	−0.305***	−0.536	−0.073
	常量	2.270***	1.317	3.224
	Log likelihood	−194.062	LR chi2	34.91***

注：*、**、*** 依次表示显著性水平为 0.1，0.05，0.01 时显著。

最终所得模型形式如下：

$$P = 2.270 + 0.171X_2 - 0.486X_7 - 0.323X_{11} - 0.305X_{13} \tag{7.1}$$

进入模型的变量为 X_2、X_7、X_{11}、X_{13}。说明影响农户对土地利用转型的参与意愿的因素为"年龄""家中是否有抛荒土地""是否看到过相关政策宣传""是否愿意退出土地承包经营权"，其他因素影响都不显著。并且"年龄"的系数为正值，其他因素的回归系数皆为负值，说明年龄越大的农户，越倾向于参与土地利用转型，并且年龄每增长一个等级，参与土地利用转型的概率就增加 0.171。家中有抛荒土地、看过相关政策宣传以及愿意无偿退出土地承包经营权的农户也更倾向于参与土地转型。家中有抛荒土地的农户对比于没有抛荒土地的农户，参与的概率增加 0.486；看过相关政策宣传的农户对比于没有看过的农户，参与的概率增加

0.323；愿意无偿退出土地承包经营权的农户对比于认为补偿合理就退出的农户，参与的概率增加了 0.305。

7.2.3 基于 CVM 对武汉城市圈土地利用转型的社会补偿标准测算

1. 支付工具的确定及受偿区间的设置

从预调查的过程及结果来看，使用开放式问题格式的引导技术直接询问不熟悉土地利用转型社会效益或未接触过此类调查的受访者的 WTP 和 WTA 存在一定障碍，受访者往往难以作出适当的回答，也会因为缺乏评价标准而拒绝回答或出现抗议性回答；封闭式问题格式的引导技术由于出价方式的反复性会造成受访者失去耐性，造成停留时间长度偏差，同时封闭式引导技术需要使用复杂的统计模型进行分析，且分析模型不具有理性行为的理论根据。在考虑到本书需要受访者对不同情景下的"假设市场"进行 WTP 和 WTA 的回答，使用封闭式问题格式的引导技术会花费较长时间；并考虑到受访者是农户对 CVM 问卷调查处于初步接触状态，对于开放式问题格式的引导技术问卷的 WTP 和 WTA 的回答均有一定的障碍；同时考虑到支付卡方式引导技术由于向受访者提供一系列参考价格，相对容易理解，且问卷回答时间较短，适合在缺乏 CVM 评估经验的地区应用的特点，最终选取支付卡方式作为本书的引导技术，在实际应用中充分利用预调查所得到的支付或受偿标值范围，以克服 WTP 和 WTA 的排序和区间设置不足的缺点，并结合其高效的调查和分析效率进行实证研究。

受偿区间的设置首先需要通过预调查初步掌握受访者的大致平均受偿意愿，确定出受偿区间需要涵盖预调查平均的 WTP 或 WTA；其次要考虑到特定时期受访者对货币区间的敏感度，若区间间隔太小或太大，易引起受访者的"大脑失灵"，即如果区间间隔太小，受访者将有多个区间可以选择；若区间间隔太大，受访者又无从选择。本书在预调查的基础上，选取货币区间敏感度进行受偿区间的设置。依据调查，武汉城市圈农户货币敏感度区间为（0，200）、（0，500）、（0，1 000）、（0，2 000）、（0，3 000），按照受偿意愿越大货币敏感度区间越大的原则，本调查受偿意愿区间设计如下：A. 200 元以下、B. 200 ~ 500 元、C. 500 ~ 1 000 元、D. 1 000 ~ 2 000 元、E. 2 000 ~ 3 000 元。

农民作为理性经济人，在社会补偿上，只有退出土地的社会补偿效益达到其心理预期才会愿意退出土地承包权。补偿标准越高，退出土地承包权对农民的吸引力就越大，而农民选择退出承包地的可能性也越大。但是，若补偿标准太高，可能会吸引大量不具备退出条件和能力的农民加入退出承包地的农民群体中，这部分农民的加入会增加农村的贫困风险和社会风险；而过高的土地承包权退出补偿标准也会给地方财政带来巨大的压力，巨额的补偿资金可能会造成政府财政风险。但是，若补偿标准过低，则会削弱农民参与土地利用转型的积极性。不仅如此，地域差异导致的区域经济发展水平差异以及土地区位差异产生的级差地租天然存在，使得制定合理的、因地制宜的土地承包权退出社会补偿量化标准十分困难，因此通过调查研究区域的农户获取数据来确立社会补偿标准相对较合理。

2. 整体的期望补偿标准

通过对农户的问卷调查数据进行描述性统计与模型分析，进一步测算农户的受偿金额，对农户愿意接受每亩土地补偿金额的频率进行分析，如图 7.2 所示，依据频率计算的支付意愿的数学期望值可以更好地反映支付意愿的真实情况。图中显示大部分农户愿意接受的补偿金额范围在 1000~2000 元之间，其次在 200~500 元。为便于计算，我们将不愿意接受补偿的农户的支付意愿全部记为"0"。对每个受偿金额的区间取中位数计算，如 500~1000 元按 750 元计算，可通过离散变量的数学期望公式计算得到期望受偿金额的数学期望值：

$$E(WTA) = \sum_{i=1}^{n} A_i P_i \qquad (7.2)$$

式中，WTA 为补偿意愿；A 为受偿金额，P 为受访者选择该数额的概率。计算得出 $E(WTA) = 864.789$ 元。即农户对土地利用转型的平均受偿意愿为 864.789 元/亩。

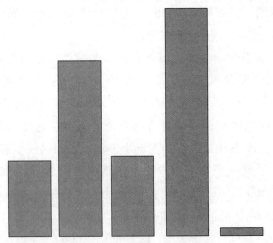

200元以下　200~500元　500~1000元　1000~2000元　2000~3000元

图 7.2　农户愿意接受的补偿金额

3. 不同特征的期望补偿标准

前文对受偿意愿的 Probit 回归模型分析发现，农户受偿意愿主要受"年龄""家中是否有抛荒土地""是否看过相关政策宣传""是否愿意退出土地承包经营权"的影响。而独立性检验的结果（见表 7.2）显示：年龄不同的农户、学历不同的农户、家中从事农业劳动的人数不同的农户等，这些不同组别的农户对参与土地利用转型受偿的意愿有显著差别。为了分析不同特征农户的平均社会补偿标准，对愿意参与补偿的农户的补偿金额进行独立性检验，结果如表 7.4 所示，只有"性别"的检验没有通过，说明不同性别的农户对受偿金额的意愿没有显著差异。

表7.4 农户对受偿金额的独立性检验

	影响因素	Pearson	似然比	Kendall's tau
个人特征	性别 X_1	2.580	2.808	−0.024
	年龄 X_2	57.376***	68.067***	−0.098**
	学历 X_3	21.641***	23.147***	0.041
	是否是村干部 X_4	33.600***	40.151***	0.063
	是否是合作社成员 X_5	10.128**	10.693**	0.133***
生产经营情况	家中从事农业劳动的人数 X_6	55.579***	65.739***	0.071*
	家中是否有抛荒土地 X_7	49.364***	51.427***	0.072
	家中每亩土地的年收益 X_8	51.039***	40.973***	0.065
	家中除农业外经营年收入 X_9	34.666***	35.793***	0.056
外部及心理因素	是否参加过相关培训 X_{10}	10.995**	12.372**	0.134***
	是否看到过相关政策宣传 X_{11}	39.684***	41.879***	0.175***
	是否有迁移到城镇生活的意愿 X_{12}	11.263**	13.049**	−0.070
	是否愿意退出土地承包经营权 X_{13}	85.080***	69.379***	0.276***

注：*、**、*** 依次表示显著性水平为 0.1，0.05，0.01 时显著。

接下来分别计算不同特征的农户的土地利用转型的期望补偿标准，所得结果如表 7.5~ 表 7.17 所示。其中，男性的期望受偿金额为 885.281 元 / 亩，女性为

840.513 元 / 亩，两者差别不大，并且表 7.4 也证明了二者没有显著差异。

表7.5　不同性别农户的期望补偿金额

特征组基本要素	总　体	性　别	
		男	女
样本数（人）	426	231	195
E(WTA) 元 / 亩	864.789	885.281	840.513

不满 18 岁农户的期望受偿金额为 1500 元 / 亩，18~34 岁的农户为 1295.833 元 / 亩，35~44 岁的农户为 800 元 / 亩，45~54 岁的农户期望值为 854.808 元 / 亩，55~64 岁为 755.319 元 / 亩，65 岁以上农户期望为 928.571 元 / 亩，年龄低的农户对受偿金额的期望值要大于年龄高的农户。小学及以下学历的农户期望受偿金额为 855.263 元 / 亩，初中学历的为 798.980 元 / 亩，高中及以上学历的期望值为 930 元 / 亩。有村干部身份的农户的期望受偿金额为 703.846 元 / 亩，非村干部的为 881.008 元 / 亩；有合作社成员身份的农户期望值为 632.353 元 / 亩，没有此身份的农户期望值为 896.400 元 / 亩。我们发现，没有村干部身份和没有合作社成员身份的农户的期望受偿金额都要高于有身份的农户。家中从事农业劳动人数为 0 人的农户期望受偿金额为 654.167 元 / 亩，家中从事农业劳动的人数为 1 人、2 人、3 人、4 人的农户期望值依次为 802.273 元 / 亩、948.529 元 / 亩、805.556 元 / 亩、800 元 / 亩，5 人及以上的农户期望值最高，为 1033.333 元 / 亩。家中有抛荒土地的农户的期望受偿金额低于没有抛荒土地的农户，前者为 787.234 元 / 亩，后者为 903.158 元 / 亩。家中每亩土地年收益在 10000~20000 之间的农户期望受偿金额最少，只有 350 元 / 亩，而 5000~10000 元的农户期望值最多，为 937.500 元 / 亩，每亩土地年收入在 2000~5000 元和 2000 元以下的农户期望受偿金额分别为 931.633 元 / 亩和 830.114 元 / 亩。家中除农业外经营年收入在 20000 元以上的农户对于土地利用转型的受偿金额期望值最高，为 992.308 元 / 亩，其他收入的农户的期望补偿金额相差不大。另外，参加过相关培训和看过相关政策宣传的农户的期望受偿金额都要低于没有参加过培训和没有看过相关政策宣传的农户。有搬迁到城镇生活意愿的农户期望值要高于没有此意愿的农户。无论如何也不会退出土地承包经营权的农户期望受偿金额，高于认为补偿合理就退出的农户，并高于愿意无偿退出的农户，期望金额分别为 1128.571 元 / 亩、912.088 元 / 亩和 536.667 元 / 亩。

表7.6 不同年龄的农户的期望补偿金额

特征组 基本要素	总 体	年 龄					
		不满 18岁	18~34岁	35~44 岁	45~54岁	55~64岁	65岁以上
样本数（人）	426	3	36	48	156	141	42
$E(WTA)$ 元 / 亩	864.789	1500	1295.833	800	854.808	755.319	928.571

表7.7 不同学历的农户的期望补偿金额

特征组 基本要素	总 体	学 历		
		小学及以下	初中	高中及以上
样本数（人）	426	114	147	165
$E(WTA)$ 元 / 亩	864.789	855.263	798.980	930

表7.8 是否是村干部农户的期望补偿金额

特征组 基本要素	总 体	是否是村干部	
		是	否
样本数（人）	426	39	387
$E(WTA)$ 元 / 亩	864.789	703.846	881.008

表7.9 是否是合作社成员的农户的期望补偿金额

特征组 基本要素	总 体	是否是合作社成员	
		是	否
样本数（人）	426	51	375
$E(WTA)$ 元 / 亩	864.789	632.353	896.400

表7.10　家中从事农业劳动人数不同的农户的期望补偿金额

特征组基本要素	总体	家中从事农业劳动的人数					
		0人	1人	2人	3人	4人	5人及以上
样本数（人）	426	36	132	204	27	18	9
$E(WTA)$元/亩	864.789	654.167	802.273	948.529	805.556	800	1033.333

表7.11　家中是否有抛荒土地的农户的期望补偿金额

特征组基本要素	总体	家中是否有抛荒土地	
		有	无
样本数（人）	426	141	285
$E(WTA)$元/亩	864.789	787.234	903.158

表7.12　家中每亩土地年收益不同的农户的期望补偿金额

特征组基本要素	总体	家中每亩土地的年收益				
		2000元以下	2000~5000元	5000~10000元	10000~20000元	20000元以上
样本数（人）	426	264	147	12	3	0
$E(WTA)$元/亩	864.789	830.114	931.633	937.500	350	0

表7.13　家中除农业外经营年收入不同的农户的期望补偿金额

特征组基本要素	总体	家中除农业外经营年收入				
		2000元以下	2000~5000元	5000~10000元	10000~20000元	20000元以上
样本数（人）	426	57	162	84	45	78
$E(WTA)$元/亩	864.789	857.895	837.963	821.429	830	992.308

表7.14 是否参加过相关培训的农户的期望补偿金额

特征组 基本要素	总 体	是否参加过相关培训	
		是	否
样本数（人）	426	81	345
E(WTA) 元 / 亩	864.789	675.926	909.130

表7.15 是否看过相关政策宣传的农户的期望补偿金额

特征组 基本要素	总 体	是否看到过相关政策宣传	
		是	否
样本数（人）	426	288	138
E(WTA) 元 / 亩	864.789	768.750	1065.217

表7.16 是否有迁移到城镇生活意愿的农户的期望补偿金额

特征组 基本要素	总 体	是否有迁移到城镇生活的意愿	
		是	否
样本数（人）	426	270	156
E(WTA) 元 / 亩	864.789	895.000	812.500

表7.17 是否愿意退出土地承包经营权的农户的期望补偿金额

特征组 基本要素	总 体	是否愿意退出土地承包经营权		
		愿意无偿退出	补偿合理就退出	无论如何都不会退出
样本数（人）	426	90	273	63
E(WTA) 元 / 亩	864.789	536.667	912.088	1128.571

由上述实证分析的结果可知，不同性别的农户对土地利用转型的期望社会补偿标准没有显著差异，与总体平均水平也相差不大，而其他不同特征的农户的期望社会补偿标准显著不同。在"年龄"变量上，农户对社会补偿的期望金额随着年龄的增长先减少后提高，呈现"凹函数"图形，即在一定范围内，年龄越大的

农户对土地利用转型的社会补偿期望金额越低，但超过一定年龄后，农户对社会补偿的期望金额有上升的趋势。在"学历"变量上，农户对社会补偿的期望金额随着学历的提高有先降低后升高的趋势，呈现"凹函数"图形，即处于"初中"学历阶段的农户对土地利用转型的社会补偿期望金额最低，但高于或低于此学历的农户对土地利用转型的社会补偿期望金额都更高。在"家中每亩土地年收益"变量上，年收益越高，农户对土地利用转型的社会补偿期望金额先升高后降低，。在"家中除农业外经营年收入"变量上，农户除农业外经营收入越高，其对土地利用转型社会补偿的期望金额先降低后升高。在"家中从事农业劳动的人数"变量上，随着家庭从事农业劳动人数的增加，农户对土地利用转型社会补偿期望金额先升高后降低而后又升高，即1~2人阶段期望金额上升，2~4人阶段期望金额下降，4~5人以上期望金额上升。在"是否愿意退出土地承包经营权"变量上，农户越坚持不退出土地经营承包权其对土地利用转型社会补偿的期望金额越高。剩余的农户对受偿金额的意愿有显著差异的变量都是二分变量，其中有身份（是村干部或是农民合作社成员）的农户比无身份的农户对土地利用转型社会补偿的期望金额要低，参加过相关培训以及看到过相关政策宣传的农户相比没有的农户对土地利用转型社会补偿的期望金额低，而有迁移到城镇生活的意愿的农户相比没有此意愿的农户对土地利用转型社会补偿的期望金额要高。

7.3 本章小结

本章是基于评价结果的武汉城市圈土地利用转型社会补偿标准测算，首先分析了农村土地利用转型社会效益评价与社会补偿的耦合关系并确定了农户补偿方式，然后从农户参与土地利用转型的受偿意愿的影响因素分析、期望补偿金额计算两个方面进行土地利用转型社会补偿标准测算的研究，前者运用 Probit 模型分析，后者采用 CVM 计算。

在参与意愿的独立性检验中，不显著的组别为性别、是否是村干部、是否是合作社成员、家中除农业外经营年收入、是否参加过相关培训，也就是说不同性别的农户对土地利用转型补偿机制的参与意愿差异不大。而影响参与意愿的因素有年龄、家中是否有抛荒土地、是否看到过相关政策宣传、是否愿意退出土地承包经营权。并且年龄的影响为正向，其他因素影响为负向，即年龄越大，家中有抛荒土地、看过相关政策宣传以及愿意无偿退出的农户，参与土地利用转型社会补偿机制的概率越大。

通过 CVM 的方法计算出农户对土地利用转型的平均受偿意愿为 864.789 元 / 亩。男性的期望受偿金额为 885.281 元 / 亩，女性为 840.513 元 / 亩，两者没有显著的差异。文中计算出了所有特征农户的期望受偿金额，除了不同性别的组别之外，其他组别都有显著差异。并且年龄段低的农户对受偿金额的期望值要大于年龄高的农户，没有村干部身份和合作社成员身份的农户的期望受偿金额都要高于有身份的农户，家中有抛荒土地的农户的期望受偿金额低于没有抛荒土地的农户，参加过相关培训和看过相关政策宣传的农户的期望受偿金额都要低于没有参加过培训和没有看过相关政策宣传的农户。有搬迁到城镇生活意愿的农户期望值要高于没有此意愿的农户。无论如何也不会退出土地承包经营权的农户期望受偿金额，高于认为补偿合理就退出的农户，并高于愿意无偿退出的农户。

土地利用转型的一大重要任务，就是让农户充分享受土地利用转型的利好，提高农户参与土地利用转型的积极性，这与我国新形势下促进农村发展，帮助农民富裕，扎实推进精准扶贫工作的政策不谋而合。因此，在具体落实土地利用转型过程中，应该结合国家支持农村、农业和农民发展的相关政策，对被列入需要扶贫的村庄进行土地后备资源调查，合理确定高标准土地利用转型任务，优化乡村土地利用格局。同时需要从经济利益上激励农民，协调好耕地流转与耕地保护之间的关系，在稳定承包权基础上推进土地利用转型，并在土地利用转型的过程中切实保护农民对耕地的承包经营权。

第 8 章　研究结论与建议

8.1　研究结论

在土地利用转型社会效益影响因素作用分析中，主要研究结论有：

（1）城镇化发展不平衡、人口城镇化远远落后于土地城镇化引起大量务农人员向第二、第三产业转移、农业抗灾能力较差、农民对土地投入信心不足、土地流转机制不健全等原因导致武汉城市圈农村存在较严重的土地抛荒现象，应改进现行的农村土地利用转型制度，实施科学化国土整治，给抛荒土地"找归宿"，如建设观光农业基地、发展林下养殖等。

（2）土地利用转型的过程是人地关系矛盾不断调和的过程，土地利用转型从某种角度上说也是一种人地关系的演变。人的年龄、收入、身份、迁移意愿等特征都会对土地利用转型评价产生较大影响，因此土地利用转型的实施要从人地关系调控入手，从人的需求出发，确立人地协调的土地利用转型政策。

（3）政策宣传、培训等外部因素影响农户对土地利用转型的认知及社会效益评价，只有农户对土地利用转型的认知与政策目标相一致时，才会促进土地利用转型政策的有效实施，因此亟须加大土地利用转型的宣传与培训力度。

（4）家庭务农人数多、土地年收益低的农户对土地利用转型的认可度较低，因此扶贫工作需要落实到土地利用转型中，如对被列入需要扶贫的村庄进行土地后备资源调查，合理确定高标准土地利用转型任务，优化乡村土地利用格局，为这些地区发展特色农产品加工业、乡村旅游业等，让贫困群众分享土地利用转型的利好。

（5）对退出土地承包经营权要求越高的农户越倾向于认为土地利用转型适应性不好，因此需要从经济利益上激励农民，协调好耕地流转与耕地保护之间的关系，在稳定承包权基础上推进土地利用转型，并在土地利用转型的过程中切实保护农民对耕地的承包经营权。

在土地利用转型社会效益综合评价研究中，主要结论有：

（1）在武汉城市圈区域分析及实地调研的基础上，综合文献研究，从农户和农村出发，构建了农户视角下的农村土地利用转型社会效益评价指标体系。评价指标体系以武汉城市圈农村土地利用转型社会效益评价为目标层，以社会秩序、社会保障、基础设施完备程度、居民社会满足、居民生活质量5个核心领域为准则层，以土地纠纷案件的发生率、群体性事件发生率、医疗保障提高程度、养老保障提高程度、农村基础设施增加率等14个指标作为指标层。

（2）根据评价目标、评价指标体系和数据特征，构建了多级模糊综合评价模型，对武汉城市圈农村土地利用转型社会效益进行综合评价，得出土地利用转型社会效益一般，且土地利用转型在社会秩序领域的成绩较差，在社会保障领域的成绩一般，在基础设施完备程度、居民社会满足、居民生活质量这些领域取得了较好的成绩。

（3）根据多级模糊综合评价模型指标隶属度分析得出，武汉城市圈农户最看重土地利用转型在社会保障领域的社会效益，其次是居民社会满足、居民生活质量、居民生活便利、社会秩序等领域的社会效益，因此土地利用转型的过程中要通过基本生活保障、养老保障、就业保障、医疗保障、社会救济、落户条件优惠、子女入学资格等保障办法来保障参与土地利用转型农户的基本权益十分必要。

（4）土地利用转型社会效益在社会秩序领域的成绩较差，因此亟须建立纠纷调解机制，依法处理土地利用转型过程中出现的争议与纠纷，防止因土地利用转型纠纷而引发群体性事件。

在农民社会补偿标准研究上，主要结论有：

（1）农户对土地利用转型社会补偿的期望金额平均值为864.789元/亩。

（2）不同性别的农户对土地利用转型的社会补偿期望没有显著差异，而对土地较依赖、对农业较依赖的农户对土地利用转型社会补偿的期望较低。

8.2　政策建议

基于武汉城市圈农村土地利用及土地利用转型现状分析，结合实证分析结果本书提出以下政策建议：

（1）警惕土地资源低效利用和滥用现象

调查发现，在农村土地利用转型过程中出现了土地低效利用或滥用的情况，如住宅布局混乱、宅基地非法占用耕地等，政府应对资源低效利用的情况保持敏感，尽量做到事前控制；同时，这种情况也说明现有的相关制度存在一定的缺陷，不能有效制止此类土地资源滥用行为。另外，通过分析出现的土地资源低效利用或者滥用现象，有助于政府对农村土地利用转型的关键节点进行识别，敦促政府加强制度方面的改善。《节约集约利用土地规定》（中华人民共和国国土资源部令第61号）（国土资源部现改为自然资源部）也指出，县级以上地方国土资源主管部门可以依据国家有关规定统筹开展农村建设用地整治，提高建设用地利用效率和效益；县级以上地方国土资源主管部门在本级人民政府的领导下，会同有关部门建立城镇低效用地再开发、废弃地再利用的激励机制，对布局散乱、利用粗放、用途不合理、闲置浪费等低效用地进行再开发，对因采矿损毁、交通改线、居民点搬迁、产业调整形成的废弃地实行复垦再利用，促进土地优化利用。

（2）加大农业科技投入

在土地利用转型社会效益影响因素作用分析中，我们发现参加过培训的农户对土地利用转型的相关评价比没有参加过的农户好，而现行的农村土地利用转型培训也多为农业科技的相关培训。同时，提高农村土地利用方式尤其是农业土地利用方式的科技含量有助于土地利用者降低生产成本，提高土地利用利润，但在对农户的访谈中发现，不少农户会在科技投入上受到自身经济实力的限制，政府应担当起农业科技创新与推广的主要角色，加大财政对农业科技的支持力度，促进农业科技要素的引入，推动农业土地利用转型。虽然，湖北省委、省政府于2012年出台的《关于加快农业科技创新推进农业强省建设的意见》一号文件中提出了一系列政策措施，如"保证财政农业科技投入增幅明显高于经常性收入增幅；对扎根乡村、服务农民、艰苦奉献的农技推广人员，切实提高待遇水平；实施粮食丰产科技工程，集成高产技术"等，湖北省也在不断加大农业科技创新投入，如"十二五"期间省级财政的农业科技计划投入经费连年增加超过15%，但科技事业费和科技研发经费的投入仍然低于全国平均水平，且大部分流向了高校和科研院所。因此，有必要进一步加大农业科技投入，落实政府引导。

（3）建立纠纷调解机制

通过武汉城市圈土地利用转型社会效益综合评价分析，我们发现土地利用转型在"社会秩序"方面成绩较差。农户土地利用转型中，很多土地利用方式的改变都是私下进行，很少签订规范的合同，多数是口头协议，难免为日后土地利用转型纠纷埋下隐患；即使签订了相关合同，由于合同的不完备性及未来的不确定性，在土地利用转型过程中也有可能会出现事先难以预料的利益纠纷。解决这些纠纷，应在县市和乡镇建立土地利用转型相关纠纷调解机制，建立土地利用转型合同纠纷仲裁机构，及时依法处理土地利用转型过程中出现的争议与纠纷，防止因土地利用转型纠纷而引发群体性事件。同时，政府可鼓励村组在征得多数农户同意和国家法律、法规许可的情况下，自我调解土地承包、土地利用转型纠纷，积极探索解决纠纷的机制。

现阶段，人民调解是我国农村纠纷解决的重要机制，但是基层村委会附设的调解机构存在制度不健全、经费缺乏制度化保障、人员配置不到位等不足之处，在纠纷调解中没有发挥应有的作用，形同虚设，甚至一些自然村根本没有调解组织。此外，农村纠纷调解方式灵活，随意性大，缺少必要的规范和制度，作出的调解结果经常出现反复、多次调解的现象，这些都影响调解的效率。农村调解员的文化水平偏低，有些只有高中文化，没有经过系统的法律知识学习，工作方法较为简单，只能调解家庭、邻里等一般民间纠纷，往往无力解决涉及政策、法律方面的矛盾纠纷。因此，建立健全农村纠纷调解机制尤为必要，可以通过以下途径：一是将人民调解制度与诉讼程序有机结合，完善农村基层人民调解制度；二是优化农村人民调解员队伍，农村调解员文化水平普遍偏低、缺乏相应的法律素养、政治素质和业务能力有待提高，应在实践中制度化、系统化培训人民调解员队伍，如定期组织人民调解员学习相关法律、法规和国家政策性文件以及时更新其政策理论水平，与人民法院协调通过组织人民调解员旁听庭审、安排其兼任人民陪审员等方式使其熟悉司法程序以拓展工作思路，及时撤换不称职的人民调解员；三是完善农村基层法律援助制度，加强对法律援助制度的宣传，扩大法律援助的对象和范围，如覆盖农村征地补偿、假农药假种子坑农等；四是完善派出所解决纠纷功能，充分发挥派出所解决纠纷的低成本、高效率和权威性优势，尤其是针对与土地利用转型相关的农村秩序问题；五是积极引导民间非诉讼纠纷解决方式的发展，充分发挥基层妇联、共青团等农村群众组织在解决基层矛盾纠纷方面的作用，提倡使用调解、和解等和平方式解决纠纷。

（4）加大政策宣传和培训力度

参加过相关培训以及看到过相关政策宣传的农户对土地利用转型的政策评价比没有过的农户更好，说明部分农户对土地利用转型相关政策的评价不好可能是由于其接触较少或了解不够，培训和宣传有助于提升农户对土地利用转型相关政策的认可，因此有加大政策宣传和培训力度的必要。

在政策宣传上，可以通过以下方式：在村庄悬挂宣传标语，如在主要街道悬挂横幅；电视专题宣传，如由政府牵头制作相关政策宣传的电视宣传片并在各市电视台播放一周；宣传车宣传，如定期组织出动宣传车在县城和各乡镇巡回宣传土地利用转型相关政策；网络媒体宣传，如在各市政府网站国土资源网页登载相关政策并实时更新；现场宣传，如走访各乡镇现场向群众散发印制的政策宣传彩页和法律、法规知识，同时开展政策咨询活动等。在培训上，可以开展定期和不定期的土地利用转型相关主题培训班，如对土地利用方式、农业新技术等方面开展定期培训，对土地利用转型示范项目开展不定期培训等。

（5）建立农户参与土地利用转型意愿的激励机制，保障农户的基本权益

由前文实证分析可知，农户退出土地承包经营权的要求越低，其期望补偿金额越低，这也说明补偿金额达到一定数量，会使愿意参与土地利用转型的人数增加，即经济激励是能够增强农户参与土地利用转型的意愿。土地利用转型是土地利用结构的调整，最终目的是实现土地利用结构的最优化，无疑土地利用转型对提高土地利用效率有重要作用，因此，在城镇化发展的背景下增强农户参与土地利用转型的意愿，鼓励农民自愿或配合参与土地利用转型是解决当下耕地大量撂荒与闲置的重要办法之一。

但是对农户的激励并不应该只局限在经济激励上，可以从教育激励、就业激励、落户激励等多方面入手来增强农户参与土地利用转型的意愿。农户作为理性人，会对土地利用转型前后的利弊得失进行比较，而且由于土地利用转型并没有实际发生，所以农民只能参考已有的土地利用转型实践中的补偿标准和办法。只有当农户认为政府或其他土地使用者为其提供的经济上的补偿和其他方面的补偿的价值能够超过其心中的参考价值，那么农户才会愿意参与土地利用转型。因此赋予农户参与土地利用转型激励和保障是增强农户参与土地利用转型意愿的重要途径。

通过调查访谈发现，目前武汉城市圈农户参与土地利用转型的社会补偿通常为货币补偿，即使有的地方政府规定可以将失地农民纳入城镇社会保障体系中，但是仍需要失地农民从货币补偿中拿出一部分，自己缴纳社会保障费用。原本就很少的补偿金，如果还需要用来缴纳参加社会保障的相关费用，这实际上加重了农民的生活负担。补偿标准低、未来生活无法得到切实保障、农民无法长期维持稳定的生活等问题的存在，无疑会影响农户对土地利用转型的评价，所以有必要对失地农民进行保障，以适当规避失地补偿标准低、补偿方式单一的风险。因此，通过基本生活保障、养老保障、就业保障、医疗保障、社会救济、落户条件优惠、子女入学资格、法律援助等保障办法来保障农户的基本权益十分必要。

（6）响应国家政策，让土地利用转型的效益落到实处

土地利用转型的一大重要任务，就是让农户充分分享土地利用转型的利好，这与我国新形势下促进农村和农业发展，扎实推进精准扶贫工作等政策相符合。因此，在具体落实土地利用转型过程中，应该结合国家支持农村、农业发展和帮助农民脱贫致富的相关政策，开展贫困落后地区的土地后备资源调查，合理确定

土地利用转型任务，优化农村土地利用格局。协调好耕地流转与耕地保护之间的关系，在稳定承包权基础上推进土地利用转型，并在土地利用转型的过程中切实保护农民对耕地的承包经营权。

（7）加强对失地农民征地补偿的监督

前文实证分析表明，对土地依赖性较低、家庭对农业收入依赖较低的农户对征地社会补偿的期望金额较低。因此，如果按照被征地农户愿意接受的补偿标准进行土地利用转型补偿的实施会存在征地的一方侧重于选择补偿期望值低的农户进行补偿的问题，可能出现为了节约成本而选择不合理的地块进行土地利用转型的情况，或者补偿期望较高的农户迫于竞争而降低自己的补偿期望值。这些情况的出现不仅会因为未能做到因地制宜而使土地利用转型的效益大打折扣，也会导致失地农民因为补偿金额低而生活得不到足够保障，因此，在土地利用转型实施过程中，政府要加强对失地农民征地补偿的监督，及时制止补偿过低的现象，同时建立相应的惩罚机制，使失地农民的征地补偿处于合理的水平。

8.3 本章小结

本书为结论与建议部分，基于实证分析结果，总结各项研究成果，对研究结论进行分析和探讨，从土地利用转型社会效益影响因素作用分析、土地利用转型社会效益综合评价、社会补偿标准测算三个方面进行分析。在此基础上，提出针对性和可行性的政策建议，为建立合理可行的征地补偿标准以及政府制定土地利用转型相关政策提供参考。在土地利用转型实施过程中，要警惕土地资源低效利用和滥用现象，甄别雷同建设、避免恶性竞争，完善转型引导政策，建立纠纷调解机制，经济激励增强农户参与土地利用转型的意愿；加大政策宣传和培训力度，加强对失地农民征地补偿的监督，等等。最后，分析了本研究在样本选择、问卷设计、指标权重求解等方面的不足之处。

附　录

问卷编号：001

农户视角下武汉城市圈土地利用转型社会效益评价的问卷调查

尊敬的农民朋友：

　　您好！我们是中国地质大学负责自然资源部公益性行业调查的课题组，目前正开展"从农户的视角对土地利用转型进行社会效益评价"的研究，想邀请您填写这份问卷，万分感谢您的配合。

　　土地利用转型是指一段时间内与经济社会发展阶段相对应的区域土地利用由一种形态转变为另一种形态的过程（这个过程包括农地数量、用途、质量、产权、经营方式、固定投入和产出能力的变化）。我们此次调查的目的就是要了解农民朋友这方面的真实情况和想法，反映你们的心声。对于您的有关信息，我们将严加保密。

　　再次感谢您的支持与配合！

第一部分　个人特征

1. 您的性别

A. 男　　　B. 女

2. 您的年龄

A. 不满 18 岁　B.18~34 岁　C.35~44 岁　D.45~54 岁　E.55~64 岁　F.65 岁以上

3. 您的学历

A. 小学及以下　B. 初中　　C. 高中及以上

4. 您是否担任村干部

A. 是　　　B. 否

5. 您是否为农民专业合作社成员

A. 是　　　B. 否

第二部分 生产经营情况

6. 您家里从事农业劳动力的人数

A.0 人　　　B.1 人　　　C.2 人　　　D.3 人　　　E.4 人　　　F.5 人及以上

7. 您家里是否有抛荒土地

A. 是　　　B. 否

8. 您家中每亩土地的年收益是多少

A.2000 元以下　　　B.2000~5000 元　　　C.5000~10000 元

D.10000~20000 元　　　E.20000 元以上

9. 您家中除农业外经营年收入是多少

A.2000 元以下　　　B.2000~5000 元　　　C.5000~10000 元

D.10000~20000 元　　　E.20000 元以上

第三部分 外部因素及心理特征

10. 您是否参加过关于"土地利用转型"的相关培训

A. 是　　　B. 否

11. 您是否看过新闻媒体关于"土地利用转型"的政策宣传

A. 是　　　B. 否

12. 您是否有迁移到城镇生活的意愿

A. 有　　　B. 无

13. 如果您将来不再从事农业生产，你愿意退出土地承包经营权吗
A. 愿意无偿退出　　　B. 补偿合理就退出　　　C. 无论如何都不会退出

第四部分 对"土地利用转型"的态度

14. 您对本地"土地利用转型"的认知情况如何（如果选择 A 或者 B 请直接跳到 17 题）
A. 完全不了解　　　B. 不了解　　　C. 一般　　　D. 了解　　　E. 非常了解

15. 您对本地"土地利用转型"政策的评价如何
A. 非常差　　　B. 差　　　C. 一般　　　D. 好　　　E. 非常好

16. 您对本地"土地利用转型"的成效评价如何
A. 非常差　　　B. 差　　　C. 一般　　　D. 好　　　E. 非常好

17. 您认为平均每一亩土地的土地转让金是多少
A.200 元以下　　　B.200~500 元　　　C.500~1000 元
D.1000 元以上　　　F.____ 元

18. 您认为政府或开发商对本地土地的补偿是否合理
A. 非常不合理　　　B. 不合理　　　C. 一般　　　D. 合理　　　E. 非常合理

19. 您是否愿意参与"土地利用转型"的受偿
A. 不愿意　　　B. 愿意

20. 您认为土地利用转型是否能够带来良好的社会效益
A. 是　　　B. 否

21. 您认为土地利用转型带来的社会效益有多大
A. 非常小　　　B. 小　　　C. 一般　　　D. 大　　　E. 非常大

第五部分 "土地利用转型" 的社会效益评价

22. 请根据您的个人意见对以下因素的重要性进行评分: 1（不重要）~5（非常重要），并在相应的方框中画 "√"

影响社会效益的因素	1	2	3	4	5
就业保障					
医疗保险					
养老保险					
社会秩序					
居民生活便利性					
居民生活环境					
居民生活质量					

23. 参与土地利用转型后，政府是否有针对居民就业采取相关的优惠政策

A. 没有　　B. 不知道　　C. 听说有，但没有享受到　　D. 有

24. 如果有一定的优惠政策，您对这样的政策是否满意（如果没有优惠政策，则不必回答）

A. 非常不满意　　B. 不满意　　C. 一般　　D. 满意　　E. 非常满意

25. 土地利用转型后，当地政府或其他相关机构是否为你们专门设立特别医疗保险，或者针对你们的农村医疗保险有其他优惠政策

A. 没有　　B. 不知道　　C. 听说有，但没有享受到　　D. 有

26. 土地利用转型后，当地政府或其他相关机构是否为你们专门设立特别养老保险，或者针对你们现有的养老保险政策有其他优惠

A. 没有　　B. 不知道　　C. 听说有，但没有享受到　　D. 有

27. 您所在的村集体的土地纠纷案件的发生率高吗

A. 很低　　B. 低　　C. 中　　D. 高　　E. 很高

28. 您所在的村集体发生的群体性事件数多吗

A. 很少　　B. 少　　C. 中　　D. 多　　E. 很多

29. 您是否同意土地利用转型的结果提高了子女受教育的便利性

A. 完全不同意　　B. 不同意　　C. 一般　　D. 同意　　E. 完全同意

30. 您认为土地利用转型的结果对您子女受教育的质量造成了何种影响

A. 显著变差　　B. 变差　　C. 不变　　D. 变好　　E. 显著变好

31. 您认为土地利用转型的结果对当地的基础设施建设产生何种影响

A. 显著下降　　B. 下降　　C. 不变　　D. 提高　　E. 显著提高

32. 您认为土地利用转型的结果会对以下指标造成何种影响，并在方框中填入数字 1~5，分别表示：显著变差，变差，不变，变好，显著变好

	噪音情况	治安情况	固体垃圾	路面粉尘	空气质量	绿化情况
	1——显著变差　　2——变差　　3——不变　　4——变好　　5——显著变好					
评分						

33. 您认为土地利用转型的结果会对本地的村容村貌有什么影响

A. 显著变差　　B. 变差　　C. 不变　　D. 变好　　E. 显著变好

34. 您认为土地利用转型的结果会对您的家庭居住环境造成何种影响

A. 显著变差　　B. 变差　　C. 不变　　D. 变好　　E. 显著变好

35. 土地利用转型后，您是否会习惯之后的日常生活

A. 完全不习惯　　B. 不习惯　　C. 一般　　D. 习惯　　E. 完全习惯

36. 您认为土地利用转型的结果如何影响您的家庭人均收入

A. 大幅减少　　B. 减少　　C. 不变　　D. 增加　　E. 大幅增加

37. 您认为参与土地利用转型会对您的总体家庭经济状况造成何种影响

A. 显著下降　　B. 下降　　C. 不变　　D. 提高　　E. 显著提高

38. 您对土地利用转型结果的满意度如何？

A. 非常不满意　　　B. 不满意　　　C. 一般　　　D. 满意　　　E. 非常满意

非常感谢您的支持与配合！祝您身体健康！家庭幸福！

参考文献

[1] 岳文海. 中国新型城镇化发展研究 [D]. 武汉：武汉大学，2013.

[2] 何念如. 中国当代城市化理论研究（1979—2005）[D]. 上海：复旦大学，2006.

[3] 贺丹，陈银蓉. 能值分析理论在农地整理生态效益评价中的应用研究 [J]. 安徽农业科学，2009(29)：14417–14419.

[4] 王静，郝晋珉，段瑞娟. 农地利用社会效益评价的指标体系与方法研究 [J]. 资源·产业，2005(1)：68–71.

[5] 刘彦随. 转型期中国土地利用主要问题与对策探析 [A]// 2013 全国土地资源开发利用与生态文明建设学术研讨会论文集 [C]. 西宁：青海民族出版社，2013: 9.

[6] 张红. 长江经济带经济发展质量测度研究 [J]. 上海金融，2015(12)：19–24.

[7] 陈晓勇，杨俊，宋振江，等. 长江中游经济带区域产业分工战略研究 [J]. 中国发展，2015(2)：28–33.

[8] 黄国勤. 长江经济带农业可持续发展面临的问题及对策 [A]// 第十一届中国软科学学术年会论文集（下）[C]. 北京：科学技术文献出版社：2015：7.

[9] 安济文. 武汉城市圈土地利用与生态环境耦合关系研究 [D]. 武汉：华中农业大学，2011.

[10] 石靖. 基于产业结构调整视角的武汉城市圈土地利用研究 [D]. 武汉：华中师范大学，2012.

[11] 余友明. 基于城际融合视角的武汉城市圈新型城市化进程研究 [D]. 武汉：武汉大学，2009.

[12] 徐磊. 交通引导下的武汉城市圈土地利用模式研究 [D]. 武汉：华中农业大学，2012.

[13] 刘双，胡动刚. 武汉东湖高新区土地利用经济效益研究 [J]. 湖北大学学报 (哲学社会科学版)，2014(4)：124–128.

[14] 余光英，员开奇. 武汉城市圈土地利用碳排放效率评价研究 [J]. 资源开发与市场，2014(7)：801–805.

[15] 向芸芸，蒙吉军. 基于生态效益的武汉城市圈土地利用结构优化 [J]. 长江流域资源与环境，2013(10)：1297–1304.

[16] 张俊峰，张安录，董捷．土地集约利用与土地利用碳排放的关系研究——以武汉城市圈为例 [J]．农业现代化研究，2013(6)：717–721．

[17] 刘永强，廖柳文，龙花楼，等．土地利用转型的生态系统服务价值效应分析——以湖南省为例 [J]．地理研究，2015(4)：691–700．

[18] 张俊峰，张安录，董捷．武汉城市圈土地利用碳排放效应分析及因素分解研究 [J]．长江流域资源与环境，2014(5)：595–602．

[19] 张俊峰，董捷．基于"两型社会"的武汉城市圈土地集约利用评价 [J]．中国人口·资源与环境，2012(1)：111–116．

[20] 张亮，童新华，李冠．南宁市土地利用经济效益评价 [J]．江西农业学报，2010(3)：199–201．

[21] 李佩瑾，肖莉，张伟娜．湖南省土地利用经济效益评价 [J]．广东土地科学，2007(2)：23–26．

[22] 刘佳．宝鸡市土地利用综合效益评价 [D]．咸阳：西北农林科技大学，2012．

[23] 张娜，雷国平．黑龙江省土地利用经济效益评价 [J]．国土资源情报，2009，1：46–49．

[24] 许坚．土地利用的生态经济效益评价原理及评价方法 [J]．中国土地,1995，2：22–24．

[25] 邱政霖．土地利用经济效益评价研究——以杭州经济技术开发区为例 [J]．西北工业大学学报 (社会科学版)，2012(2)：33–36．

[26] 黄奕龙，王仰麟，卜心国，杨磊．城市土地利用综合效益评价：城际比较 [J]．热带地理，2006(2)：145–150．

[27] 王雨晴，宋戈．城市土地利用综合效益评价与案例研究 [J]．地理科学，2006(6)：743–748．

[28] 尚勇敏，何多兴，杨雯婷，等．成渝城市土地利用综合效益评价 [J]．西南师范大学学报 (自然科学版)，2011(4)：223–229．

[29] 孙东升．当前我国征地补偿制度存在的主要问题及对策建议 [J]．价值工程，2010(8)：238–239．

[30] 张兴斌，齐恩平．征地补偿标准存在的问题及相应对策 [J]．天津商学院学报，2007(4)：58–62．

[31] 高景芳，薛会来．我国行政补偿制度运作实践中的问题及其对策——以征地补偿为中心 [J]．甘肃行政学院学报，2008(5)：80–85．

[32] 曹生国．我国征地补偿标准创新方案及其问题分析 [J]．上海国土资源，2016(1)：39–43．

[33] 高峰，陈丽．城乡接合部土地资源利用与整合潜力研究——以北京市丰台区为例 [J]．宏观经济研究，2011(6)：72–77．

[34] 鄢云，吕品，刘敏．土地利用总体规划约束下的城乡建设用地增减挂钩潜力分析——以孝感市孝南区为实证 [J]．资源环境与工程，2016(2)：248–254．

[35] 程龙，董捷.武汉城市圈城乡建设用地增减挂钩潜力分析 [J].农业现代化研究，2012(1)：95–99.

[36] 郭珊珊，于婧，程送海，等.鹤峰县城乡建设用地集约利用的潜力分析 [J].科技经济市场，2012(1)：48–50.

[37] 陆彩兰，胡建生.基于可持续发展的农村资源配置问题与对策 [J].西北农林科技大学学报 (社会科学版)，2012(6)：32–36.

[38] 王占岐，曾庆全，王蒲吉.社会主义新农村建设中土地资源优化配置问题研究 [J].安徽农业科学，2007(22)：6938–6939.

[39] 徐大鹏，郑蓬辰.关于现阶段我国农村土地资源优化配置问题的探索 [J].中国证券期货，2010(4)：82–83.

[40] 占道祥.农村土地资源利用存在的问题与对策 [J].安徽农学通报 (下半月刊)，2011(22)：11–12.

[41] 侯懿.我国土地征用补偿制度与农民的社会保障 [J].四川理工学院学报 (社会科学版)，2004(3)：31–36.

[42] 邱长生，刘定祥.中国土地征用补偿制度之功能分析 [J].中国农学通报，2006(2)：427–430.

[43] 袁维，张安明，王丽果.我国土地利用效益评价研究 [J].安徽农学通报 (上半月刊)，2012(1)：24–26.

[44] 朱珠，张琳，叶晓雯，等.基于 TOPSIS 方法的土地利用综合效益评价 [J].经济地理，2012(10)：139–144.

[45] 张初兵，高康，杨贵军.判别分析与 Logistic 回归的模拟比较 [J].统计与信息论坛，2010(1)：19–25.

[46] 谭宏卫，曾捷.Logistic 回归模型的影响分析 [J].数理统计与管理，2013(3)：476–485.

[47] 施朝健，张明铭.Logistic 回归模型分析 [J].计算机辅助工程，2005(3)：74–78.

[48] 徐芃,祁禄,熊健,等.定序变量回归模型在心理数据分析中的应用[J].心理学报，2015(12)：1520–1528.

[49] 韩小亮，陈晨.定序变量的回归分析模型及其在消费者信心指数编制中的应用 [J].数理统计与管理，2007(2)：194–199.

[50] 白雪梅，赵松山.对两个定序变量间的相关分析 [J].江苏统计，1998(11)：15–16.

[51] BASHKANSKY E, GADRICH T. *Some metrological aspects of ordinal measurements*[J]. Accreditation and Quality Assurance，2010，15(6)：331–336.

[52] BLAIR J, LACY M G. *Statistics of ordinal variation*[J]. Sociological Methods & Research，2000，28(3)：251–280.

[53] PUHANI P A. *The Heckman correction for sample selection and its critique*[J]. Journal of Economic Surveys，2000，14(1)：53–68.

[54] CHIBURIS R, LOKSHIN M. *Maximum likelihood and two-step estimation of an*

ordered-probit selection model[J]. Stata Journal，2007，7(2)：167–182.

[55] 张志强，徐中民，程国栋 . 条件价值评估法的发展与应用 [J]. 地球科学进展，2003(3)：454–463.

[56] 何可，张俊飚，丰军辉 . 基于条件价值评估法 (CVM) 的农业废弃物污染防控非市场价值研究 [J]. 长江流域资源与环境，2014(2)：213–219.

[57] 敖长林，王静，高琴，等 .CVM 数据分析中的半参数模型及实证研究 [J]. 系统工程理论与实践，2014(9)：2332–2338.

[58] 陈琳，欧阳志云，王效科，等 . 条件价值评估法在非市场价值评估中的应用 [J]. 生态学报，2006(2)：610–619.

[59] 崔相宝，苗建军 . 条件价值评估：一种非市场的价值评估技术 [J]. 武汉理工大学学报 (社会科学版)，2005(6)：802–807.

[60] JORGENSEN B S, WILSON M A, HEBERLEIN T A. *Fairness in the contingent valuation of environmental public goods: attitude toward paying for environmental improvements at two levels of scope*[J]. Ecological Economics，2001，36(1)：133–148.

[61] LOOMIS J, KENT P, STRANGE L, et al. *Measuring the total economic value of restoring ecosystem services in an impaired river basin: results from a contingent valuation survey*[J]. Ecological Economics，2000，33(1)：103–117.

[62] RICHARDSON L, LOOMIS J. *The total economic value of threatened, endangered and rare species: an updated meta-analysis*[J]. Ecological Economics，2009，68(5)：1535–1548.

[63] 高素萍，薛建辉 . 森林生态效益货币价值评估研究现状及存在问题 [J]. 世界林业研究，2002(4)：24–29.

[64] 张志强，徐中民，程国栋，等 . 黑河流域张掖地区生态系统服务恢复的条件价值评估 [J]. 生态学报，2002(6)：885–893.

[65] 杨开忠，白墨，李莹，等 . 关于意愿调查价值评估法在我国环境领域应用的可行性探讨——以北京市居民支付意愿研究为例 [J]. 地球科学进展，2002(3)：420–425.

[66] 唐建，沈田华，彭珏 . 基于双边界二分式 CVM 法的耕地生态价值评价——以重庆市为例 [J]. 资源科学，2013(1)：207–215.

[67] 唐克勇，杨正勇，杨怀宇，等 . 上海池塘养殖环境成本——基于双边界二分式 CVM 法的实证研究 [J]. 生态学报，2012(7)：2212–2222.

[68] 敖长林，周领，焦扬，等 . 初始投标值数量和样本容量对双边界二分式 CVM 的影响 [J]. 生态学报，2016(3)：854–862.

[69] 龙花楼 . 论土地利用转型与土地资源管理 [J]. 地理研究，2015，34(9)：1607–1618.

[70] GRAINGER A. *The future role of the tropical rain forests in the world forest economy* [D]. Oxford: Department of Plant Sciences，University of Oxford，1986.

[71] GRAINGER A. *National land use morphology: patterns and possibilities*[J].

Geography, 1995, 80(3): 235–245.

[72] BAE JS, JOO R W, KIM YS. *Forest transition in south korea: reality, path and drivers* [J]. Land Use Policy, 2012, 29(1): 198–207.

[73] LAMBIN E F, MEYFROIDT P. *Land use transitions: socio-ecological feedback versus socio-economic change* [J]. Land Use Policy, 2010, 27(2): 108–118.

[74] BARBIER E B, BURGESS J C, Grainger A. *The forest transition: towards a more comprehensive theoretical framework* [J]. Land Use Policy, 2010, 27(2): 98–107.

[75] REDO D J, GRAU H R, AIDE T M, et al. *Asymmetric forest transition driven by the interaction of socioeconomic development and environmental heterogeneity in central America* [J]. Proceedings of the National Academy of Sciences of the United States of America, 2012, 109(23): 8839–8844.

[76] 李平, 李秀彬, 刘学军. 我国现阶段土地利用变化驱动力的宏观分析 [J]. 地理研究, 2001, 20(2): 129–138.

[77] 摆万奇, 赵士洞. 土地利用变化驱动力系统分析 [J]. 资源科学, 2001, 23(3): 39–41.

[78] 刘纪远, 张增祥, 徐新良, 等. 21 世纪初中国土地利用变化的空间格局与驱动力分析 [J]. 地理学报, 2009, 64(12): 1411–1420.

[79] 龙花楼, 李秀彬. 区域土地利用转型分析——以长江沿线样带为例 [J]. 自然资源学报, 2002, 17(2): 144–149.

[80] 王静怡, 廖和平. 资源枯竭型城市转型发展与土地利用效率耦合度分析——以重庆市万盛经济开发区为例 [A]// 中国土地资源开发整治与新型城镇化建设研究 [C]. 北京: 新华出版社, 2015: 7.

[81] 苏永莉, 阎建忠, 周洪. 重庆市的森林转型: 时空格局与动态模拟 [J]. 西南大学学报 (自然科学版), 2016(6): 82–91.

[82] 姚士谋, 陈爽. 长江三角洲地区城市空间演化趋势 [J]. 地理学报, 1998(S1): 1–10.

[83] 冯应斌, 何春燕, 杨庆媛, 等. 利用生态系统服务价值评估土地利用规划生态效应 [J]. 农业工程学报, 2014(9): 201–211.

[84] 刘永强, 廖柳文, 龙花楼, 等. 土地利用转型的生态系统服务价值效应分析: 以湖南省为例 [J]. 地理研究, 2015, 34(4): 671–700.

[85] 吴霜, 延晓冬, 张丽娟. 中国森林生态系统能值与服务功能价值的关系 [J]. 地理学报, 2014, 69(3): 334–342.

[86] 高雅, 林慧龙. 草地生态系统服务价值估算前瞻 [J]. 草业学报, 2014, 23(3): 290–301.

[87] CARMEN, C F, ELENA G I. *Determinants of residential land use conversion and sprawl at the rural-urban fringe*[J].American Agricultural Economics Association, 2004, 86(4): 889–904.

[88] WASILEWSKI A, KRUKOWSKI K.*Land conversion for suburban housing: a*

study of urbanization around Warsaw and Olsztyn, Poland [J].Environmental Management，2004，34(2)：291–303.

[89] DELPHIS F, DANIEL R P . *The use of cluster analysis in distinguishing farmland to residential development: a case study of sterling, Massachusett* [J]. Environmental Management，2000，25(5)：541–548.

[90] DAHMS, F. A. *Demetropolitanisation or the `urbanization'of the countryside: the changing function of small rural settlements in Ontario* [J].Ontario Geography，1984，24：35–62.

[91] 李秀彬 . 农地利用变化假说与相关的环境效应命题 [J]. 地球科学进展，2008，23(11)：1124–1129.

[92] 刘成武，李秀彬 .1980 年以来中国农地利用变化的区域差异 [J]. 地理学报，2006，61(2)：139–145.

[93] 龙花楼 . 区域土地利用转型与土地整理 [J]. 地理科学进展，2003，22(2)：133–140.

[94] ZHU F K, ZHANG F R, Li C, et al. *Functional transition of the rural settlement: analysis of land-use differenti-ation in a transect of Beijing, China* [J]. Habitat International，2014，41：262–271.

[95] 姜伟新，张三力 . 投资项目后评价 [M]. 北京：中国石化出版社，2000.

[96] 塞尼 . 把人放在首位 [M]. 北京：中国计划出版社，1998.

[97] 傅家骥 . 技术创新学 [M]. 北京：清华大学出版社，1998.

[98] 上海市科学学研究所 . 投资项目可行性研究指南 [M]. 北京：中国电力出版社，2002.

[99] 中国国际工程咨询公司 . 中国投资项目社会评价指南 [M]. 北京：中国计划出版社，2004.

[100] 董福忠 . 现代管理技术经济大辞典 [M]. 北京：中国经济出版社，1995.

[101] 高学栋 . 企业公关社会效益原则论 [J]. 山东医科大学学报 (社会科学版)，1998(2)：58–60.

[102] 陈阿江 . 社会评价：社会学在项目中的应用 [J]. 学海 , 2002(6):81–85.

[103] 赵凤山，秋露 . 高速公路社会效益定量评价方法的研究 [J]. 东北公路，1996(2)：3–7.

[104] 张婕 . 关于港口社会经济效益评价的研究 [D]. 上海：上海海事大学，2004.

[105] 王昌海，温亚利，李强，等 . 秦岭自然保护区群的社会效益计量研究 [J]. 中国人口·资源与环境，2011(7)：113–121.

[106] 颜伦琴 . 我国铁路提速社会效益的评价 [D]. 北京：北方工业大学，2004.

[107] 张颖 . 必须加强森林资源社会效益的核算 [J]. 经济研究参考，2001(2)：44–48.

[108] 李华，晓白 . 沈大高速公路社会效益评估 [J]. 公路，1994(12)：43–47.

[109] 王卫平 . 企业经济效益和社会效益的层次关系 [J]. 经济与管理研究，1997(5)：43–45.

[110] 李庆中.南水北调西线工程对西部开发的社会效益浅析 [J].水利经济，2001(4)：39-41.

[111] 郁麒昌.高速公路项目运营效益评价研究 [D].武汉：武汉理工大学，2008.

[112] 高吉丽，高德想，舒晓楠.生物资源产业化项目社会效益评估的定量模型构造[J].国土资源科技管理，2001，18(1)：44-49.

[113] 廖风华.利用层次分析法评价资源综合利用项目的社会效益 [J].重庆交通大学学报（自然科学版），1999，18(3)：124-128.

[114] 周伟，王建军，李继锐.基于人工神经网络的影响高速公路社会效益量化的变量选择方法 [J].西安公路交通大学学报，2000，20(3)：62-66.

[115] 刘锡健，周娟，张恒.关于石油工程项目社会效益的定量化综合评价 [J].科技进步与对策，2004，21(12)：141-142.

[116] 李庆瑞，万发祥，卢毅.公路交通量预测理论与方法综述 [J].中外公路，2005，25(6)：151-155.

[117] 徐淑雨，贾元华.基于灰色系统理论的公路项目社会效益评价 [J].交通运输系统工程与信息，2006(1)：118-122.

[118] 王迪海.森林社会效益观测与评价方法 [J].河北林业科技，1998(3)：23-26.

[119] 王静，郝晋珉，段瑞娟.农地利用社会效益评价的指标体系与方法研究 [J].资源产业，2005，7(1)：64-68.

[120] 张士海，陈士银，周飞.湛江市土地利用社会效益评价与优化[J].广东农业科学，2008(11)：43-46.

[121] 梁敏.农村土地整治社会效益评价研究 [D].南京：南京农业大学，2011.

[122] 杨俊，王占岐，金贵，等.基于 AHP 与模糊综合评价的土地整治项目实施后效益评价 [J].长江流域资源与环境，2013，22(8)：1036-1042.

[123] 洪开荣，刘欢，王辉.直觉语言多准则决策方法在土地整理项目社会效益评价中的应用 [J].经济地理，2015(7)：163-167.

[124] 谭跃进.定量分析方法 [M].北京：中国人民大学出版社，2006.

[125] 薛达元，包浩生.长白山自然保护区森林生态系统间接经济价值评估 [J].中国环境科学，1999，19(3)：247-252.

[126] 林逢春，陈静.条件价值评估法在上海城市轨道交通社会效益评估中的应用研究 [J].华东师范大学学报（哲学社会科学版），2005，37(1)：48-53.

[127] 刘畅.中外土地征用补偿标准比较 [J].中国房地产，2005(6)：61-63.

[128] 凌杨.国内外征地补偿制度的研究综述 [J].科学时代月刊，2011(8)：15-16.

[129] 陈泉生.海峡两岸土地征用补偿之比较研究 [J].亚太经济，1998(3)：38-41.

[130] 刘慧芳.论我国农地地价的构成与量化 [J].中国土地科学，2000，14(3)：15-18.

[131] 刘燕萍.征地制度创新与合理补偿标准的确定 [J].中国土地，2002(2)：25-26.

[132] 李明月，江华.征地补偿标准的公平性研究 [J].调研世界，2005(10)：19-21.

[133] 吕萍,刘新平,龙双双.征地区片综合地价确定方法实证研究[J].中国土地科学,2005,19(6):30-35.

[134] 李志,韩学平.失地农民社会保障存在的问题与对策[J].东北农业大学学报(社会科学版),2008,6(6):12-14.

[135] 李明月,史京文.征地区片综合地价补偿制度创新研究[J].宏观经济研究,2010(8):58-60.

[136] 诸培新,曲福田.从资源环境经济学角度考察土地征用补偿价格构成[J].中国土地科学,2003(3):10-14.

[137] 范胜龙,邢世和,林翔程,等.从耕地资源价值论我国耕地征用补偿的完善——以福建省为例[J].福建农林大学学报(自然科学版),2010(6):651-657.

[138] 霍雅勤,蔡运龙.耕地资源价值的评价与重建——以甘肃省会宁县为例[J].干旱区资源与环境,2003(5):81-85.

[139] 陈会广,吴沅箐,欧名豪.耕地保护补偿机制构建的理论与思路[J].南京农业大学学报(社会科学版),2009(3):62-66.

[140] 白小平,李海宇.农村土地权益流转的预期收益目标与社会补偿机制建设[J].改革与战略,2014(11):46-49.

[141] 于锦坤,梁亚卓,徐华,等.我国土地征用补偿标准研究[J].山西农业科学,2011(6):589-594.

[142] 黄贤金,尼克·哈瑞柯,鲁尔特·卢本,等.中国农村土地市场运行机理分析[J].江海学刊,2001(2):9-15.

[143] 朱明芬,李一平.失地农民利益保障问题已到了非解决不可的地步[J].调研世界,2002(12):32-34.

[144] 王涛,陈海,梁小英,等.村域尺度条件下农户土地利用决策影响因素分析[J].干旱区资源与环境,2013(3):20-26.

[145] 汪晖.城乡接合部的土地征用:征用权与征地补偿[J].中国农村经济,2002(2):40-46.

[146] 顾朝林.城市群研究进展与展望[J].地理研究,2011,30(5):771-784.

[147] FREEDMAN J R. *Urbanization, planning and national development*[J]. The Journal of Politics,1973:351.

[148] 吴殿廷.区域经济学[M].北京:科学出版社,2003.

[149] 饶会林.城市经济学[M].大连:东北财经大学出版社,1999.

[150] 李裕瑞,刘彦随,龙花楼.中国农村人口与农村居民点用地的时空变化[J].自然资源学报,2010,25(10):1629-1638.

[151] 周伟,曹银贵,王静,等.三峡库区近30a农村居民点格局变化与特征分析[J].农业工程学报,2011,27(4):294-300,401.

[152] 田光进,刘纪远,庄大方.近10年来中国农村居民点用地时空特征[J].地理学报,2003,58(5):651-658.

[153] LIU Y S, LIU Y, CHEN Y F, et al. *The process and driving forces of rural hollowing in China under rapid urbanization*[J]. Journal of Geographical Sciences，2010，20(6)：876–888.

[154] 龙花楼，李秀彬. 区域土地利用转型分析：以长江沿线样带为例 [J]. 自然资源学报，2002，17(2)：144–149.

[155] 熊征，谈兵，宋成舜，等. 城市土地利用综合效益耦合分析——以武汉市为例 [J]. 水土保持研究，2015(2)：278–283.

[156] 刘文光. 东湖开发区土地利用社会效益评价研究 [D]. 武汉：华中科技大学，2009.

[157] 张士海，陈士银，周飞. 湛江市土地利用社会效益评价与优化 [J]. 广东农业科学，2008(11)：43–46.

[158] 林勇刚. 城市土地利用社会效益评价指标体系探讨研究 [A]// 中国土地学会 2008 年学术年会，2008.

[159] 黄金鑫. 工业园区土地利用综合效益评价理论与实证研究 [D]. 重庆：重庆大学，2007.

[160] 蒋浩，吕维轩，蒲春玲. 昭苏县土地利用效益评价分析 [J]. 农村经济与科技，2013，24(5)：59–60.

[161] 李穗浓，白中科. 城镇化地区乡村土地利用效益评价研究 [J]. 广东社会科学，2014(6)：47–53.

[162] 鲍金星，葛霖，刘学涛，等. 多视角农村土地整理效益评价 [J]. 农业工程，2012(5)：54–58.

[163] 王云霞，南灵. 基于 SEM 的土地整理项目"三农"效益评价——以陕西省揉谷镇 347 份农户调查为例 [J]. 中国土地科学，2015(3)：75–81.

[164] 向亚丽. 西安市土地利用效益评价研究 [D]. 西安：长安大学，2008.

[165] 王雨晴，宋戈. 城市土地利用综合效益评价与案例研究 [J]. 地理科学，2006，26(6)：743–748.

[166] 王建庆，冯秀丽. 浙江省耕地利用效益及其空间差异性 [J]. 浙江农业科学，2013(10)：1338–1342.

[167] 朱国宏. 人地关系论 [M]. 上海：复旦大学出版社，1996.

[168] 关涛. 中国土地资源配置与可持续发展研究 [D]. 东北农业大学，2002.

[169] 罗鼎，月卿，邵晓梅，等. 土地利用空间优化配置研究进展与展望 [J]. 地理科学进展，2009(5)：791–797.

[170] 卢启程. 都市农业与生态城市的协同关系研究 [J]. 生态经济，2009(1)：138–141.

[171] 张初兵，高康，杨贵军. 判别分析与 Logistic 回归的模拟比较 [J]. 统计与信息论坛，2010(1)：19–25.

[172] 谭宏卫，曾捷. Logistic 回归模型的影响分析 [J]. 数理统计与管理，2013(3)：476–485.

[173] 施朝健，张明铭. Logistic 回归模型分析 [J]. 计算机辅助工程，2005(3)：74–78.

[174] Bradley S. Jorgensen, Mathew A. Wilson, Thomas A. Heberlein. Fairness in the

contingent valuation of environmental public goods: attitude toward paying for environmental improvements at two levels of scope. Ecological Economics, 2001(36): 133–148.

[175] John Loomis, Paula Kent & Liz Strange et al. Measuring the total economic value of restoring ecosystem services in an impaired river basin: results from a contingent valuation survey. Ecological Economics, 2000(33): 103–117.

[176] Leslie Richardson & John Loomis. The total economic value of threatened, endangered and rare species: An updated meta-analysis. Ecological Economics, 2009, 68(5): 1535–1548.

[177] 袁顺波，汪徽志，曹强. CVM 应用于图书馆社会价值评估的国外案例介绍 [J]. 图书馆杂志，2011(8)：79–83.

后 记

毕业季既是快乐的也是忧伤的，快乐的是反反复复的博士毕业论文终于通过了，忧伤的是时间过得如此快，我不得不离开难忘的校园、离别友爱的同窗、告别敬爱的老师。生活是如此的快节奏，求学时光总是如此短暂得令人猝不及防。

在攻读博士学位的这三年多时间里，博导李江风教授不仅给予我生活上的关照与理解，在学习上更是耐心指导与帮助，在此非常感谢我最敬仰的李教授，您的言传身教将一直影响我今后的人生路。同时我也要特别感谢平易近人的周学武教授，您就像一位慈祥的父亲给我学习生活指明方向，在此也谢谢您对我无私的厚爱。我也非常感谢学术严谨的王占岐教授、年轻有为的胡守庚教授、风趣幽默的龚健教授等对我无尽的关心、指导与帮助。温馨和谐的土地系就像一个温暖的大家庭，浓厚的学习氛围时刻鞭策着我努力上进，积极进取，也谢谢这个温暖的大家庭。

在此，我也要感谢我硕士研究生阶段的杨力行教授、黄德林教授、曾伟教授、卓成刚教授和张光进副教授，正是你们无私的关怀与鼓励，才有了我今天的成绩。

土地系里的兄弟姐妹们，我也要感谢你们。感谢同窗向敬伟、李伟松、马赛、李德胜、侯现慧、蓝希，我们一起并肩奋斗的日子特别美好；感谢师兄王振伟、金贵、陈彧、雷斌，师姐魏凤娟、林巧文、董茜对我的关心和指导；也感谢师弟师妹们在平时生活中对我的热心帮助。大家的一路相伴、欢声笑语、相互鼓励，互相帮助让原本紧张的学术研究变得生机盎然。

最后，我要感谢我的家人和亲人们。是你们一直以来对我的默默理解与支持，才让我坚强地走到今天，谢谢你们！你们的爱是我前行的动力，回报你们是我一生的追求，报答你们将是我一辈子的事业。